Jürgen B. Hausmann

D'r Jung wird Fuffzisch!

Einmal Hausmann – immer Hausmann

Meiner Frau Sandra

und meinen Kindern Marie und Lukas

in Dankbarkeit gewidmet

Vorwort
Willibert Pauels

D'r Jung jeht mit.

Bernd ist der Bruder meiner ziemlich besten Freundin und früherem Fisternöll Brigitte und ein Kölner wie er im Buche steht. Es war vor Jahren, als ich ihn, nach langer Zeit, wiedertraf.

Applaus heischend fragte ich: „Na, Bernd, haste meine Büttenrede im Fernsehen jesehen?“ – „Jo, war ganz gut“, antwortete er, „aber da war noch so einer, aus Aachen, der erzählte von der ersten heiligen Kommunion, – un dass man im Rheinland sacht, ”Kommulion“ un eijentlich auch nich Kommulion, sondern ”der Jung jeht mit – der Jung jeht mit! Verstehste!” Un dann brachte er noch das Typische: das is der schönste Tach in deinem Leben!‘ Ich hab mir in de Butz jepiss vor Lachen.“ Prustend zitierte Bernd aus der Rede vom “Hausmann“ und die Lachtränen rannen ihm, in seliger Erinnerung an das Hörerlebnis, von den Wangen.

Tja - da stand ich da, mit meinen “fishing for compliments“ wie Schneewitchens böse Stiefmutter vor ihrem Zauberspiegel: „Herr Willibert, der beste Redner hier seid Ihr - aber der Hausmann, bei den Schergen, in Alsdorf hinter den Kohlebergen ist noch tausendmal besser als Ihr.“

In dieser Schmach gab es nur einen Trost: Der “Hausmann“ war und ist mein Freund, und ich musste Bernd recht geben. Jürgens liebevollen Erzählungen, vorgetragen im “Öcher Singsang“ gehen direkt ins Herz und sein Humor ist hinreißend.

Es ist wie bei einem Instrument. Ohne Resonanzboden haben die Akkorde zwar einen Effekt, aber sie klingen nicht nach. Erst besagter Resonanzboden gibt Tiefe und Raum. So ist es mit den Schnurren, Geschichten und Gedichten von Jürgen. Man spürt, dass da mehr ist als nur Pointe, man fühlt, dass er dem Rheinländer - vor allem in der Öcher Ausführung- in die Seele schaut.

Warum gelingt ihm das so gut? – Weil er selber diese Seele hat. Sie ist genährt von Bodenständigkeit, liberalem Bürgertum im besten Sinne, Herzensbildung und Frömmigkeit. Deshalb fühl ich mich bei ihm immer geborgen. Deshalb macht mich sein Humor stets leicht und heiter. Seine rheinischen Geschichten trösten mich. Jedesmal.

Und wenn ich dereinst im Wartesaal vorm Himmel sitze, und aus dem Lautsprecher die Stimme des heiligen Petrus tönt: „Herr Jürgen Beckers, alias “der Hausmann“, zur Pforte bitte! Sie haben Einlass!“ dann rufe ich:

„Warte auf mich Jürjen,
der Jung jeht mit!“

Im ersten Lebensjahr 1965

Inhaltsverzeichnis

Kindheit und Jugend

Geburt in Steißlage, ein schwerer Anfang

Geboren wurde ich 1964, am 29. Oktober. Ludwig Erhard war gerade ein gutes Jahr Kanzler, Sepp Herberger, der Held von Bern, seit kurzem nicht mehr Bundestrainer. Er wurde durch Helmut Schön ersetzt. Willy Brandt wurde Vorsitzender der SPD und blieb es bis 1987. Auf diesem Posten konnten wir uns lange keinen anderen vorstellen, genau wie auf dem des späteren Bundeskanzlers, Helmut Kohl.

Während all die Genannten 1964 schon eine beachtliche Popularität genossen, musste etwas anderes darum kämpfen, was sicher meine Geburt entscheidend beeinflusst hat: Die Pille. Sie war umstritten zu jener Zeit, galt sogar als unmoralisch und wurde – typisch 60er Jahre – nur hinter vorgehaltener Hand angesprochen oder unter der Ladentheke gehandelt.

Meine Mutter nahm sie jedenfalls nicht und eine unbedachte Phase im Karneval 1964 reichte, um die eigentlich schon abgeschlossene Familienplanung, wenn es so etwas überhaupt gab, auf den Kopf zu stellen. Ein Jahreshit 1964 hieß „Das kommt vom Rudern, das kommt vom Segeln...", aber davon kam es sicher nicht, dass meine Mutter nach einer inzwischen 15 Jahre alten Tochter und einem 10 Jahre alten Sohn nun ein Nesthäkchen, oder wie man bei uns sagte, einen „Nachkömmling" bekommen sollte. Dabei hatte ich zunächst gar keine Lust nachzukömmen.

Die Geburt wurde mehrmals verschoben, denn ich lag mit dem Po am Ausgang, das nennt man Steißlage, und das reimt sich nicht rein zufällig auf Sch...lage, vor allem für die Mutter. Heute würde man in solch einer Lage höchstwahrscheinlich zum Kaiserschnitt greifen – zumindest bei Privatpatienten. Damals ließ man die Mutter mit der Steißlage kämpfen, ein Kaiserschnitt, das war für mich wohl zu hoch gegriffen und meine Mutter war nicht privat versichert, sondern bei der Knappschaft, so dass sie es knapp schaffte, mich zur Welt zu bringen, ohne selbst dabei draufzugehen. Ihre Schmerzen hat sie an jedem meiner Geburtstage eindrucksvoll geschildert mit den liebevollen Worten: „Dat schlimmste, wat ich erlebt hab', war dein Jeburt!“ Kein Wunder, wenn man vom Kind nach solchen Mühen zuerst den A... allerwertesten sieht, kann man ja auch nur denken: Alles Pressen, alle Schmerzen war‘n für‘n Arsch.

So erblickte ich das Licht der Welt im Knappschaftskrankenhaus Bardenberg, wo ich auch drei Tage später mit mehreren anderen zusammen getauft wurde. Dazu wurden wir weder befragt noch durften wir Einspruch erheben. Wir waren und sind der geburtenstärkste Jahrgang, den die Bundesrepublik Deutschland je hervorgebracht hat. Wir waren immer viele oder sogar die meisten. Vielleicht kommt es daher, dass ich noch heute eine heilige Abneigung gegen alle Gruppen, Cliquen und Kollektive habe. Ich bin Individualist: Ich jogge allein und koche allein, muss allerdings zugeben, dass z.B. Bier trinken und Feiern in fröhlicher Runde viel mehr Spaß machen.

Ich wurde zwar in Bardenberg (jetzt Würselen) im Kreis Aachen geboren, da sich dort das zuständige

Krankenhaus befand, mein Heimatort aber war und ist (im Herzen, wenn auch nicht als Adresse) Mariadorf, ein Bergbauort mit ca. 10.000 Einwohnern, der damals zur Gemeinde Hoengen gehörte und heute ein Teil der Stadt Alsdorf ist. Ein Dorf geprägt vom Steinkohlebergbau des EBV, mit Menschen, die direkt, kernig und von deftigem Humor waren und die ihren Durst gern mit einem Bier oder Bergmannsschnaps stillten. Mein Vater, Großvater und Onkel sind alle Menschen von diesem Schlag. Meine Mutter hat mich übrigens, genau wie ihre beiden anderen Kinder, so gut wie nie gestillt, obwohl sie dafür beachtliche Instrumente mitgebracht hätte, was sie selbst immer mit Worten wie "Maialtar oder Busento" ironisierte.

Es gelang ihr, bis ins 85. Lebensjahr immer wieder, sich auf den zwei weiblichsten Körperteilen zu bekleckern, auch wenn sie ein Betttuch als Schlabberlatz benutzte. Noch aber benutzte ich den Schlabberlatz und während meine Geschwister allmählich flügge wurden, hörte ich mit meinen Eltern, die mit 37 und 38 für die damalige Zeit alte junge Eltern waren, Schlager von Peter Alexander, Caterina Valente ("Vatalente", wie ich als Kind zu sagen pflegte) und Freddy Quinn. Sein La Paloma ist bis heute mein Lieblingslied, das ich gern auch bei meiner Beerdigung hören würde, oder auch nicht.

Aber bleiben wir erst einmal bei Geburt und Kindheit. Die Schlager der 50er und 60er Jahre. Diese Musik hat mich bis heute geprägt. Den gleichen Rang bekam nur ein Sänger, den ich aber erst in den 70er Jahren kennenlernte: Frank Sinatra. Er und der Swing sind für mich das Nonplusultra der Musik. An mir sind die Beatles, die Stones und auch andere Rock- und Poplegenden spurlos vorübergegangen.

Die einzigen Bands, die mich jemals vom Hocker rissen, waren und sind Höhner und Brings, gefolgt vom Eilemann-Trio und den drei Atömchen. Womit wir beim Karneval wären, den ich von Geburt an in mir aufsog. Mein Ersatz für die Muttermilch waren also nicht Alete und Milupa, sondern "Humba Tätärä", "Am Rosenmontag bin ich geboren" und ein Karnevalshit von 1964: "Hurra, hurra, der liebe Jung ist (wieder) da": Wenn damit nicht ich gemeint war!

Hochzeit meiner Schwester 1967

Einschulung 1971

Samstag zuhause: Allgemeiner Wasch- und Badetag – Lassie und Flipper

Samstags war allgemeiner Wasch- und Badetag. Samstags wurde gebadet, nur samstags. Da war et schon Wellness, wenn de als erster...

De Frauen drehten sich de Haare auf, wie man bei uns sagt, drehten sich e paar Röllchen in de Haare. Dann gab es diese Heimhauben. Es gab sie aus Kunststoff mit Metallständer, aber schöner und besser designed (ein Wort, das es damals noch gar nicht gab), waren die Schlauchhauben. Das sah aus wie "Raumpatrouille Orion landet bei uns in de Küch". Die wurden im Staubsauger angeschlossen. Die Firma will ich nicht nennen, ich sag nur so viel: An Haustüren sah man se oft, VOR-WERK-Toren aber selten.

Die Vertreter klingelten immer an den Türen, heute müssen die sich ja anmelden. Die kamen dann rauf und sagten zu den Frauen: „Darf ich ihnen mal meinen Kobold zeigen?" Dann die Antwort: „Ja klar, kommen se rein, ich hatte schon Angst, sie wollten mir einen Staubsauger andrehen!"

Meine Mutter drehte sich immer Rollen in de Haare, setzte die Haube drauf, wurde dann auf 90 Grad hochgeglüht... und so guckte sie dann den "Blauen Bock". Das war die Sendung mit Heinz Schenk, in der 300 Personen beschlossen hatten, zusammen Sodbrennen zu kriejen. Ja, ich bitte sie, Handkäs mit Musik und Äppelwoi... Ich hab das später mal in Frankfurt ausprobiert. Ich hatte schon Musik, da hatte ich noch keinen Handkäs gesehen.

Die Männer hatten es einfacher mit den Haaren: Mein Vater kämmte immer alles nach hinten mit einer Tube "Fit" oder "Brisk". Da stand zwar

POMADE drauf, war aber für den Kopf. Außer man hatte eine Glatze, dann war es für'n Arsch.

Auch wir Kinder wurden samstags gebadet, und dann sagte man uns noch in der Badewanne: „Wenn du schön brav bist und nicht weinst, auch nicht, wenn Schäumchen in de Äujelchen kommt, darfste noch im Bademäntelchen oder Schlafanzüjelchen Fernsehen gucken."

Und Fernsehen war für Kinder früher noch etwas ganz Besonderes. Ein Held unserer Kindheit war z.B. Lassie (schade, dat der tot ist!). Lassie war ein Collie und sein Herrchen, (nicht sein Freund, das war der Timmy), sein Herrchen war Ranger. Ranger gibt es in den Rocky Mountains, im Grand Canyon und ... in de Eifel.

Letztens jing ich sonntags mit mein Frau durch de Eifel spazieren, wir suchten en Café. (Wat willste auch sonst in de Eifel?) Senf hatten w'r schon. Da kam einer in soner grün-braunen Uniform. Ich sach: „Dem fraach ich !" Ich sach: „Entschuldigung, Herr Förster!" Da guckt der mich an und sacht: „Förster? Ich bin Ranger!" Ich sach: „Wenn sie Ranger sind, dann bin ich der Luis Trenker."

Das war ja der, der in jeder Fernsehsendung aus der Kulisse sprang, wenn irgendwie das Wort „Berg" fiel. Wenn der Showmaster sagte: „Es gibt heute einen Berg von Gewinnen", dann sprang Luis Trenker aus der Kulisse: „Jo auf´n Berg, do simmer naufkraxelt durch'n goanz tiafen Schnee und oben, auf'n Gipfel, do hod widder die Sonn' gschienen".

Aber mein Lieblingsheld war Flipper. Flipper war ja ein Fisch. Ja, einige Klugscheißer erheben jetzt Einspruch, aber für uns war Flipper ein Fisch. Bei uns im Dorf galt die Regel: Alles, was im Wasser schwimmt und kein Boot ist, ist ein Fisch.

Flippers Herrchen war Porter Ricks. Der war bei der Küstenwache und der hatte zwei Söhne, Bud und Sandy. Das waren tolle Vornamen in einem Dorf, in dem jeder Heinz-Josef hieß oder die Mädchen den rheinischen Vornamen mit drei j'trugen: Majjjret.

Porter Ricks saß mit seiner Familie beim Mittagessen, da kam über Funk die Meldung: „Achtung, Küstenwache, auf dem Meer ist 'ne Frau in einem Schlauchboot am Versau ... also SOS". Dann fuhr Porter Ricks mit dem Boot raus, bis'm kurz vor das Schlauchboot, bumm, Motor aus, d'r Sprit ausjeht.

Jetzt musste einer alles retten: Flipper. Aber den konnte man ja nicht einfach rufen. Der war ja Unterwasser und dafür gab es diese berühmte Hupe, und als Flipper dieses „Ähäh, ähäh" hörte, dachte er sofort: „Hat dat Arschloch widder kein Sprit!"

Dann sah man Flipper rausschwimmen mit ’nem Kanister auf der Nase, vorbei an ’ner ARAL-Tankstelle: „Nein, zu teuer!“ Dann schwamm er zu ’ner freien Tankstelle und brachte jedem noch ’en Snikkers mit.

Wenn ich der Flipper gewesen wäre, ich hätte das nicht gemacht.

Flipperlied

Da kommt der Flipper, Flipper,
der muss et reißen.

Was Herrchen nicht schafft,
schafft er voller Kraft.

Wär ich der Flipper, Flipper,
ich tät et em schmeißen,
er könnt mir was scheißen,
dat er et selbst schafft!

Eine Kindheit "ohne Wetter"

Wir im Rheinland, und besonders in der Aachener Region, verbrachten eine besondere Kindheit, denn unsere Eltern sachten uns immer: „Jeht eraus, auch wenn kein Wetter ist!“

Et Rheinland ist die einzije Jejend der Welt, wo auch schon mal kein Wetter ist. Und da muss man sich drauf einstellen. Man muss morgens gucken: Ist heute Wetter oder ist keins? Das ist natürlich besonders wichtig für Open-Air-Veranstaltungen.

Da sagt man im Rheinland: „Jib et wat oder jibbt et nix?“ - „Ich glaub, et jibt nix, weil et soll wat jeben.“ - „Wenn et wat jibt, jibt et abber nit viel!“ - „Ja, dann jibt et ja abber wat!“

Diese Wetter-Kunde ist bei uns auch in die Erziehung eingeflossen. Wir sagen als Erziehungsgrundsatz: „Wenn kein Wetter ist, sind de Kinder verkehrt!“ oder noch stärker: „Wenn et am Fisselen ist (das Wetter gibt es in Hannover gar nicht), sind de

Puten am tüten“. Wenn man das einem in Hamburg sagt, der meint, er spräche mit Helsinki.

Wir haben Bekannte aus Hamburg und die sind ja etwas vornehmer und einer, der spricht immer so durch die Zähne, der kricht den Mund nicht auf. Wenn der kommt, sagt der immer (mit geschlossenen Lippen): „Du kannst dir nicht vorstellen, was mir passiert ist!“ Ich sach: „Doch! Du has‘ en Tub‘ Sekundenkleber jefressen!“ Und ausjerechnet an dem sacht mein Frau: „Möchteste auch en Stück Boden?“ - „Parkett oder Laminat?“

Wenn man nicht weiß, ob Wetter ist oder nicht, gibt das natürlich auch Probleme beim Anziehen. Wie wir in unserer Gegend sagen: „Wat tu ich mich an?“ „Tu dich wat in d‘r Hals!“ Damit ist kein Bonbon gemeint, sondern ein Schal. „Haste kalte Füß?“ - „Nää! Ich hab de Schuh jefüttert!“ - „Sind se denn satt jeworden?“

Gerade wenn man Veranstaltungen besucht, wird es, gerade für Frauen, schwierig: „Zu kalt darf ich mich nit anziehen, aber wenn ich nachher in dat

Ding sitz, jeh ich kaputt. Wenn wir nachher eraus kommen, is et schon dunkel, und wenn et dunkel is, wird et schnell frisch. Josef, soll ich nit abber noch en Jack‘ anziehen?“ - „Kannste machen, ich halt se wohl nit fest!“

Und wenn man dann mit seiner Frau einen Saal betritt, ist der erste Satz: „Hier zieht et!“ Das könnte auch ein luftleerer Raum sein. Sie würde sagen: „Hier zieht et !“ Wenn der erste Mensch auf dem Mond eine Frau gewesen wäre, die hätte gesagt: „Es ist ein großer Schritt für die Menschheit, aber hier zieht et !“

Und dann weiß man nit: Jibt et wat oder jibt et nix? Soll ich noch ene Schirm holen? Nä, bis ich zurück bin, bin ich schon bald da. Oder ene Mantel, nä, dat is nachher zu warm. Und dann fängt et an. Is da ene Schauer im Kleid? Nä, e Jewitter im Anzuch.

Regenlied

Regen schlägt prasselnd ins Gesicht,
läuft mir den Rücken runter in die Schuhe,
platsch, ich lauf durch d´r Pratsch.

Tret noch in Hundeköttel,
such Schlüssel und ich böttel,
jetzt ist zu de Karaasch,

ja, da leck mi am ...

Regen schlägt prasselnd ins Gesicht.

Erste Bühnenerfahrungen: Catarina Vatalente und die erste Büttenrede

In die Wiege gelegt wurde mir höchstens ein Teddy oder der allgegenwärtige Mecki aus der Hör Zu, aber mit Sicherheit weder der Karneval noch die Bühne überhaupt, gewiss nicht das Kabarett. Mein Vater war Bergmann und meine Mutter Hausfrau, wir hatten und haben alle fünf einen ausgeprägten Humor rheinischer Prägung, aber keiner wäre auf die Idee gekommen, sich auf einer Bühne karnevalistisch zu präsentieren.

Mein Bruder spielte in mehreren Beat-Bands, aber eher in den damals üblichen Beatkellern als in größeren Hallen oder Sälen, ein Karnevalslied wäre ihm nie über die Gitarre gekommen.

Ich war, wie man im Rheinland sacht, "aus de Art jeschlaren", wenn auch mein erster Auftritt nicht karnevalistisch war. Ich intonierte zu einer kleinen Plastikgitarre von de Kirmes, die damals fast jedes

Kind hatte, ein Lied von Catarina Vatalente: "Wo meine Sonne scheint".

Ich sang laut und falsch, machte dafür aber die nötigen Grimassen und Bewegungen, so dass sich zum ersten Mal ein Publikum vor Lachen bog: Meine Verwandtschaft, die diesen unerwarteten Auftritt staunend, grölend und fassungslos zur Kenntnis nahm, und, hört, hört, vor allem bemerkte, dass ich als Vierjähriger den kompletten Text beherrschte.

Text: Note 1 – Tonsicherheit: katholisch

Manches ändert sich nie. Die Auftritte häuften sich: Im Kindergarten mit „Heissa Kathreinerle, Peterchens Mondfahrt", auf der Grundschule mit einigen Gedichten und einem eigenen Zirkus, den man aber heute eher als Kindertheater bezeichnen würde. Dieser Zirkus wurde allerdings von meiner Klassenlehrerin, Frau Frohn, unterstützt und besucht, so dass sich die ganze Klasse zu unseren Zirkusvorstellungen einfand. Sie ließ unserer Kreativität freien Lauf und man fühlte sich als Mensch, wenn auch als ganz junger, angenommen und verstanden.

Wir befanden uns ja auch sonst in den experimentellen 70ern, die uns in der Schule so schöne Dinge wie Mengenlehre und antiautoritäre Erziehung bescherten, die man in Mariadorf jedoch mit Augenmaß und menschlich handhabte. Doch davon sollte ich mich mit dem Wechsel von der Grundschule zum Gymnasium Lichtjahre weit entfernen. Schon am Namen meiner Schule konnte man erahnen, dass sie mit weltlichen Reformversuchen wenig am Hut hatte: Heilig – Geist – Gymnasium, privates, altsprachliches Gymnasium der Spiritaner.

Das hatte mit Reformpädagogik so wenig zu tun wie ein Papyrus mit einer E-mail. Was altsprachlich war, wusste ich zunächst kaum und ahnte schon gar nicht, dass dies einmal mein Leben nachhaltig prägen würde.

Am Heilig – Geist – Gymnasium (HGG) herrschte noch der tiefkatholische Geist der 50er Jahre: Eine ordensgeführte (Spiritaner) Anstalt, in der die klassischen Sprachen einen besonderen Rang einnahmen und noch einige Geistliche unterrichteten. Bisweilen rutschte dem einen oder anderen auch noch die Hand aus, was die Eltern aber stillschweigend duldeten oder übersahen.

Schaute man aber hinter die strenge Kulisse, war diese Schule eine Art klerikale Feuerzangenbowle, in der sich viele Originale tummelten. Allen voran der gütige Direktor Pater Schmitz, der das Wort "ver-schmitzt" erfunden haben könnte. Er wurde wegen seines Hauptlasters "Schlot" genannt. Der Nestor der Altphilologen, Pater Gilb, der auch den Unterricht mit Zigarre bestritt, durfte niemanden beim „Spiggen" erwischen (er war Pfälzer, hochdeutsch muss es natürlich spicken heißen) und wurde deswegen Spigger genannt.

Es gab zwei Klosterbrüder, die für den Garten zuständig waren und einen jeweils aktuellen Klosterhund, Bobby, Anka, usw., die auch schon mal den Unterricht besuchten. Das alles gab dieser streng wirkenden Anstalt einen familiären Charak-

Als Fußballer (2. von Links) 1981

ter, mit ein wenig Don Camillo-Touch, der sie gerade deswegen besonders liebenswürdig machte. Nichtsdestotrotz war sie eine strenge Lehranstalt, an der Tugenden wie Fleiß, Ehrgeiz und Strebsamkeit etwas galten.

Die Naturwissenschaften führten zu dieser Zeit eher ein Schattendasein. Der Chemieunterricht fand außerhalb der Sicherheitsbestimmungen immer am Rande der Explosion des gesamten Instituts statt. Protestanten wurden zähneknirschend geduldet, aber man erwartete den Sieg der Gegenreformation noch vor 1980. Luther hielt man für einen Hochgelehrten, der allerdings Irrwege gegangen war, was man am HGG sicher verhindert hätte.

Diese Schule hatte mit rheinischem Karneval etwa so viel zu tun wie ein Karmelitinnenkloster mit einer Misswahl und doch sollte hier meine Bühnenlaufbahn beginnen.

Mit elf Jahren hielt ich auf der Karnevalsfeier meiner Klasse, der Sexta A, meine erste Büttenrede. Es war Februar 1976. Unsere Klassenlehrerin, Frau Evers, hatte eine Karnevalssitzung organisiert und ich hatte mich spontan als Büttenredner gemeldet. Auf die Frage „Kannst du das denn?“ hatte ich ganz einfach „Ja“ geantwortet. Meine Mutter war entsetzt ob solchen Vorwitzes und sollte es ein Leben lang bleiben.

Auch in späteren Jahren befürchtete sie stets eine Blamage, wenn ich größere Bühnen betrat oder sogar im Fernsehen auftrat. Ihren Stolz trug sie im Innern. “D‘r Jung“ sollte sich nur nicht blamieren.

Blamiert habe ich mich mit meiner ersten Rede nicht, merkte jedoch zum ersten Mal, was Lampenfieber ist. Als ich vor meine 44 Mitschüler (Ja, so groß war eine Babyboomerklasse) trat, schlug mir das Herz bis zum Hals und rutschte dann in die Hose. Aber es wurde ein Erfolg, und der Stil war schon der heutige: Ich hatte alles und jeden genau beobachtet und parodierte oder persiflierte nun deren (Lehrer wie Schüler) Sprache und Aussehen oder Macken.

Der Grundstein war gelegt. Fünf Jahre später trat ich dann schon vor der gesamten Schule (etwa 800 Schüler) auf, und die jährliche Büttenrede war für mich ein besonderes Highlight und ist es bis heute, wenn auch in etwas anderer Form, geblieben.

Es wäre mir damals allerdings nie eingefallen, diese Tätigkeit als Beruf auszuüben, obwohl es gerade zu meiner Kindheit im Kölner Karneval leuchtende Vorbilder gab: den Weltenbummler (Gerd Rück), den Mann mit däm Hötche (Peter Raddatz), de Doof Nuss (Hans Hachenberg), um nur einige aufzuzählen.

Als Faust mit Mephisto 1984

Abiturrede 1984

Doch der Virus Karneval hatte mich gepackt und Reden hielt ich auch jetzt schon zu fast jeder Gelegenheit, so auch die Abiturrede 1984. Ein kurzer Ausflug ins klassische Fach (Urfaust) dokumentierte zwar meine Textsicherheit, erinnerte aber darstellerisch eher an Will(y) Millowitsch denn an Will Quadflieg.

Aber die 80er Jahre waren die Kohl-Jahre, in denen der Grundsatz galt: Erst etwas Vernünftiges lernen. Ich bin meiner Mutter und meinen Lehrern bis heute dankbar, dass ich nach dieser Devise verfahren bin und nicht direkt Büttenredner und Kabarettist wurde.

INTERMEZZO

Das Leben ist nicht nur lustig: Tod von Vater und Bruder

Clowns und Komiker seien in Wahrheit und im Innersten traurige Menschen, so sagt nicht nur der Volksmund. „Der Clown, der Clown war immer lustig anzuschau‘n, doch selber gelacht hat er nie...“ so heißt es in einem Lied, das Heinz Rühmann wie kein anderer vortragen konnte. Und auch Lys Assias „Oh mein Papa“ ist ja ein trauriges Lied. Diesem Klischee entspreche ich nur bedingt. Ich bin auch im Alltag eigentlich kein anderer als der Hausmann, gut drauf, gut genährt, lustig bis albern. Meine Devise ist: Man sollte die lustigen Momente im Leben ausnutzen und genießen, die anderen kommen von allein. Und auch davon könnte ich ein Lied singen.

1973 verlor ich mit acht Jahren meinen Vater, der fünf Tage vor seinem 45. Geburtstag starb. Er hatte sicherlich zu viel geraucht, zu viel getrunken, aber er hatte auch zu viel und zu hart gearbeitet, als

Bergmann. Er hatte einen schweren Unfall erlebt und war verschüttet worden. Außerdem hatte ein Blinddarmdurchbruch ihn an den Rand des Todes gebracht. Aber jetzt, kurz nach meiner Erstkommunion, die wir sehr schön gefeiert hatten, war sein Tod völlig unerwartet und ein harter Schlag, der mein Leben prägen sollte.

Obwohl ich noch zwei ältere Geschwister hatte, fühlte ich mich für meine Mutter zeitlebens besonders verantwortlich, was mir später allerlei Kritik und böse Verdächtigungen einbringen sollte.

Ich selbst spürte im Laufe meines Lebens immer mehr, dass ein Vater, gerade für einen Jungen, z.B. in der Pubertät, unersetzlich ist, wenn meine Mutter auch mehr leistete, als menschenmöglich war. Meine Mutter heiratete zwar noch einmal, was für mich Heimat- und Schulwechsel bedeutete, wurde aber in dieser Ehe nicht glücklich und blieb letztlich bis zu ihrem Tod allein. Von meinem Vater sind mir vor allem sein Humor, seine Schlagfertigkeit und sein nahezu fotographisches Gedächtnis beim Bücherlesen in Erinnerung.

Erstkommunion 1973

Mit meinem Bruder Hubert 1977

Als wir uns nach einigen Jahren ohne meinen Vater neu eingerichtet hatten und ich mit schnellen Schritten auf das Abitur zuging, ereilte uns der bis heute heftigste Schicksalsschlag, an den ich jeden Tag zumindest denke.

Mein Bruder starb im Alter von nur 28 Jahren. ER war ein Sprachgenie, das 14 Sprachen fließend und oft wie ein Native-Speaker (ein Muttersprachler) beherrschte, darunter Sprachen wie Arabisch, Persisch, Hebräisch usw. Er hatte darüber hinaus musische Talente, spielte glänzend Gitarre und war ein absoluter Menschenfreund, ein Philanthrop. Im Kindergarten hatte man ihn als „Sonnenkind" bezeichnet, was er sicher auch war. Er vollendete seine orientalischen Studien mit einem arabischen Kochbuch als Doktorarbeit und wollte Priester werden.

Das alles hört sich an wie die makellose Erfolgsbilanz eines Hochbegabten, die es wohl auch war, aber alles war von einem Problem überschattet, das in der heutigen Zeit zumindest ein viel geringeres Problem darstellen würde: Mein Bruder war homosexuell und wurde, wie viele andere, mit dieser Neigung nicht fertig. Er versuchte, dagegen anzukämpfen, was naturgemäß nicht gelang, dachte daran, ins zölibatäre Priesteramt zu fliehen und wählte schließlich, höchstwahrscheinlich, den Freitod.

Wenn ich sehe, mit welcher Selbstverständlichkeit oder zumindest Toleranz heute mit Homosexuellen umgegangen wird, stelle ich mir immer vor, wie relativ unbelastet mein Bruder heute noch leben könnte. Er wird genau wie mein Vater für mich unvergessen bleiben, ich habe sie jeden Tag bei mir.

Mein Bruder hatte mir übrigens noch geraten, Latein und Griechisch zu studieren.

Abitur und Studium

Von den Brettern, die die Welt bedeuten, auf den Holzweg…

1984 machte ich Abitur und wusste seit Jahren, dass und was ich studieren wollte: Latein, Griechisch und Geschichte. Mein großes Vorbild dafür war mein Griechischlehrer Arno Offermann, der uns alle begeisterte. Und ich hatte auch seit der Quinta, also dem sechsten Schuljahr eine klare Berufsvorstellung: Bundeskanzler, vielleicht nach einem kurzen Zwischenspiel als Lehrer. Mit Helmut Schmidt hatten wir in den siebziger und frühen achtziger Jahren ein besonders beeindruckendes Exemplar, warum sollte ich nicht einer seiner Nachfolger werden. Mein Ehrgeiz ließ sich überhaupt nicht von realistischen Mahnungen bremsen, und das ist bis heute so geblieben.

Doch erst einmal sollte ich meine Meister finden, an der Uni Bonn. Nach dem erfolgreichen Abitur hatte ich mir das Studium als Durchmarsch vorgestellt, wo ich nur noch meine Lieblingsfächer vertiefen musste. Doch da hatte ich mich schwer geschnitten. Nun erfuhr ich, was der griechische Grundsatz "o mä dareis anthropos ou paideuetai" ("der Mensch, der sich nicht schindet, wird nicht erzogen") in der Praxis bedeutete.

Bonn hatte ebenfalls als Studienort lange festgestanden. Hier hatten mein Bruder und meine Latein- und Griechischlehrer studiert und sie alle hatten zu Bonn geraten. Außerdem war die damals etwas aufgeblähte Bundeshauptstadt immer noch die liebenswerte rheinische Stadt mit leicht mediterranem Flair.

Doch der Abschied von zuhause, vom HGG und Mariadorf, fiel mir viel schwerer als erwartet, obwohl drei Mitschüler mit denselben Fächern mit mir zusammen nach Bonn gegangen waren.

Doch, um es kurz zu machen: Die Universität und vor allem die Professoren waren, von Ausnahmen abgesehen, nicht meine Welt: zu dröge, zu verkopft, zu versponnen. Ich bewunderte ihre Gelehrtheit, bedauerte aber ihre Weltfremdheit, die sie durch Arroganz und absoluten Anspruch auszugleichen versuchten.

Statt eines Durchmarschs gab es das, was ich in meinem Leben häufiger erlebt hatte und noch häufiger erleben sollte: Einen zähen Kampf, doch am Ende habe ich die drei Fächer in einer ordentlichen Studienzeit mit einer 2 vor dem Komma, also der Gesamtnote -gut-, abgeschlossen. Dennoch hätte es mir FAST die Freude, vor allem an Latein und Griechisch, genommen, da ich in der Examensphase unter einer schlimmen Prüfungsangst litt.

Die rechte Freude kam erst wieder auf, als ich diese Fächer selbst unterrichten durfte (aber davon später). Während meines Studiums machte ich ein Begleitstudium, das für mein Leben mindestens ebenso wichtig sein sollte.

Mit 18: Führerschein und der erste Auto – ein VW-Käfer

1983 machte ich den Führerschein und bekam zu Weihnachten meinen ersten Auto (so spricht man bei uns): eine VW-Käfer, Baujahr 1971. Der hatte natürlich schon einige Macken, da war einiges kaputt dran, aber heute sagt man nicht kaputt, sondern retro.

An meinem Käfer war retro, dass er kein Gebläse hatte, bzw. er hatte eins, aber das tat es nicht. Da wär es besser gewesen, er hätte keins gehabt, aber et tät et ... So hatte ich im Winter, wenn ich von Mariadorf nach Bonn fuhr, wo ich studiert habe, in Kerpen die Scheiben innen frei. Bei einem Käfer musste ja immer der Beifahrer die Windschutzscheibe mit einem Vileda-Schwämmchen freihalten.

Damals kostete ein Liter Normalbenzin 1,30 DM, also 65 Cent, heute fast das Dreifache. Darüber schimpfte man immer. Als ich auch letztens wieder geschimpft habe, da sagte ein Bekannter zu mir: „Reg dich doch nicht auf, es gibt doch Alternativen. "Ich sach: „Wat denn?“ Da sacht er: „Elektroautos!“ Ich sach: „Dat fehlt mir noch, ich fahr schon mim Rasenmäher immer über de Schnur. Da such ich Idiot dann im Berufsverkehr als Einzijer en Steckdos.“

Und so billig ist der Strom ja auch nicht. Meine Frau und ich haben aber jetzt eine Lösung gefunden: Wir haben in jeder Steckdose ein Loch zugemacht, und das merkt man gut...

Früher wurden die Autos auch liebevoller dekoriert. Stichwort: Wackeldackel. Aber wenn man zehn Jahre verheiratet ist, braucht man das nicht mehr. Da nickt man als Ehemann selbst immer wie ein Wackeldackel. Das schönste Dekorationsstück im Auto war aber die umhäkelte Klorolle in zarten Rosa- oder Violetttönen. Ich habe mich immer gewundert, wofür man die braucht. Meine Eltern sagten dann immer: „Für Notfälle!“ Und ich habe mich immer gefragt: Für welche Notfälle denn?

Ich mein, okay, wenn ich mir ein neues Programm ausdenke, geh‘ ich auch immer durch den Wald spazieren und da hat man ja nicht immer etwas zu schreiben bei. Da kommt dann schon mal einer aus dem Gebüsch, den ich frage: „Haben sie mal ein Blatt Papier?“ - „Nein, ich hab selber Gras genommen!“

An einem VW-Käfer konnte man auch als Laie etwas rumfrickeln. Heute kann man an die elektronischen und computergesteuerten Fahrzeuge nur Fachleute heranlassen und muss somit in die Werkstatt gehen. Und man weiß, wenn man in die Werkstatt geht, könnte man sofort et Portmané, de EC-Karte, et Sparbuch oder et Jrundbuch auf de Thek lejen.

Und besonders jern haben die, wenn man sacht: „Ich kenn nix davon“ oder gleichbedeutend: „Ich bin Lehrer.“

Wenn so ein Auto abgeschafft werden muss, weil es alt oder kaputt ist, das tut weh. Dieser Schmerz wurde uns vor wenigen Jahren etwas abgemildert durch die Abwrackprämie.

Meine Schwiejermutter sachte sofort: „Dat is schön! Dat müsste et auf alles jeben!“ Ich sach: „An dein Stell‘ wär ich vorsichtiger!“

Aber wenn man sich vom alten Auto trennen muss, das ist ein richtiger Abschiedsschmerz:

Autolied: Du gehst f(F)ort(d)

Du gehst fort,
jetzt wirst du abgewrackt und ich werd´ dich
im Leben nie mehr sehen.

Du gehst fort,
du bist nie abgekackt und ließt mich
niemals auf der Straße stehen.

Du gehst fort:
Der Neue ist bereits bestellt,
wir werden ihn bald holen.

Du fuhrst für uns durch diese Welt,
bald fährst du nur noch in Polen.

Und wieder zurück zum Karneval: Von der Pike auf gelernt ... bis zum Prinzen

1988 trat ich in einen Karnevalsverein ein, die Karnevalsabteilung der Pfarre St. Marien, Mariadorf, die einen beachtlichen Ruf hatte und sozusagen meine karnevalistische Grundausbildung bedeutete, von der ich bis heute profitiere.

Ich hatte mich als Büttenredner beworben und trat zum ersten Mal in meinem Leben als Typenredner auf: "Der Rentner aus Mariadorf." Die Mischung aus Lokalkolorit, Mutterwitz, Reimen und Parodien kam an: Das Publikum war begeistert, und ein Aachener Profiredner, der nach mir dran war, hatte es sichtlich schwer. Ich war stolz und glücklich, aber die Botschaft dieses Erfolgs hatte ich nicht verstanden, denn Büttenredner waren auch damals schon gesucht. So bekleidete ich in der Abteilung mehrere Posten und Pöstchen bis ich schließlich – typisch Karnevalisten – nach einigem Kampf zu deren Präsidenten gewählt wurde. Meine Präsentation war aber weniger die übliche Moderation als eher die Vorstufe zu einem Soloprogramm, doch davon war ich noch weit entfernt.

In dieser kleinen Karnevalsabteilung (ca. 30 Mitglieder) lernte ich den Karneval von der Pike auf: Die Handwerker, die das ganze Jahr über beschäftigt waren mit Bühnen- und Wagenbau, die Frauen, die die Kostüme – auch fast ganzjährig nähten – und die Künstler, die für Bühnenbild und den unverzichtbaren Orden beschäftigt waren. Karnevalistische Orden sind wahre Kunstwerke, von teilweise hohem materiellem, vor allem aber ideellem Wert.

Und dann die typische Vereinsarbeit: Versammlungen, Vorstandssitzungen, Protokolle, Abstimmungen. Und wenn man es dabei schafft, den Humor (nicht) zu verlieren, dann ist man Karnevalist. Besonders interessant fand ich immer die Erstellung des Sitzungsprogramms, die Anfragen an die Künstler, das Abwägen der Kosten und schließlich den Kartenverkauf.

Ich habe immer die armen Büttenredner bedauert und verständnislos angesehen, die abends abgehetzt ankamen und immer noch mehrere Termine vor sich hatten. „Das wär' das Letzte für mich!" Aber, Irren ist menschlich. Für mich waren damals Heini Mercks, Willche Vinken und Josef, Jupp und Jüppchen die Top-Idole unserer Region, die ich noch heute bewundere.

Typisch Karneval war auch mein Abschied: Es gab Krach. Das ist für einen Karnevalsverein genauso typisch wie für eine Band. Man hat Erfolg, streitet sich, geht auseinander und es folgen Neugründungen, meist nicht so erfolgreich.

Die Zeit in der Abteilung hatte aber auch noch einen positiven Aspekt, der mich bis heute begleitet: In meiner Büttenrede 1997 erfand ich die Figur des "Hausmanns", in der ich bis heute noch immer auftrete. Keiner hätte damals gedacht, für welche Furore diese Type einmal sorgen sollte.

So schwer mir die Trennung von der Abteilung auch fiel, meine karnevalistische Karriere ging weiter. Ich trat nun wieder nur als Büttenredner auf, aber auf großen Sitzungen wie der Prinzengarde

Alsdorf, die in mehreren Sitzungen insgesamt über 5000 Zuschauer hatte.

Und wenn man schon Karnevalist und in der Prinzengarde ist, dann will man auch Prinz werden. Diesen Wunschtraum erfüllten meine Frau Sandra und ich uns Jahre später, 2003 als Prinzenpaar der Stadt Alsdorf.

Es war eine unvergessene Zeit. Ein Büttenredner wird nie die Herzen und die Begeisterung, gerade der Kinder, so zu spüren bekommen, wie ein echter Prinz.

Beruf und Berufung:

Komischer Lehrer oder lehrender Komiker?

Abschluss des Studiums, Abschied von Bonn

Am 07.12.1990, dem Todestag Ciceros, schloss ich mein Studium der "Klassischen Sprachen", Latein und Griechisch an der Uni Bonn ab. Ein Jahr später absolvierte ich auch die Zusatzprüfung in Geschichte, was mir die facultas, also die Lehrerlaubnis, in drei Fächern sicherte. 1990 wurde Deutschland wiedervereinigt. Neben aller geschichtlichen Bedeutung und allem Jubel sollte diese Tatsache auch direkte Einwirkung auf mein Leben bekommen:

1. Durch die Wiedervereinigung bekam Deutschland noch mehr Wehrpflichtige, denn uns hatte man wegen des geburtenstärksten Jahrgangs "zurückgestellt". 1990 teilte man uns mit, dass wir durch die Wiedervereinigung nun von der Wehrpflicht befreit waren. Ich hätte mich zwar nicht gegen die Wehrpflicht gewehrt, war aber auch nicht unglücklich.

2. Durch die Wiedervereinigung und die Umwälzung des politischen Systems im Osten wurden dort etliche Stellen frei, die die Stellensituation im Westen deutlich entspannen sollte.

Da ich die Lateinprüfung aus gesundheitlichen Gründen (eben Prüfungsangst) zweimal verschoben hatte, musste ich jetzt ein Jahr auf eine Referendarstelle warten und auch endgültig Abschied von Bonn nehmen, was eigentlich gar nicht vorgesehen war.

Nachdem nun der Schrecken der Prüfungen längst abgeklungen ist, habe ich zu Bonn wieder jenes alte innige Verhältnis, das mein Bruder in mir begründet hat. Wiederum Jahre später sollte auch meine Frau dort studieren und wir gemeinsam Bonn neu kennen- und lieben lernen.

Nachhilfeunterricht: Eine profitable Geduldsprobe

Das eine Jahr Wartezeit wollte ich eigentlich mit einem oder mehreren Jobs bestreiten, doch das Glück fiel mir diesmal – wie schon so oft – in den Schoß.

Ich erteilte seit meinem 15. Lebensjahr Nachhilfe, vorwiegend natürlich in Latein, aber auch in Deutsch oder Englisch. Andererseits benötigte ich selber die eine oder andere Nachhilfestunde in Mathematik, einem Fach, für dessen Abwesenheit ich Gott jeden Tag von Herzen danke.

Nachhilfeunterricht ist ein einträgliches Geschäft, aber dafür auch kein leichter Job. Denn naturgemäß bedürfen nur die Schwachen der Hilfe und der Nachhilfelehrer muss hier besondere Aufmerksamkeit und vor allem GEEEEDUUUUULD aufbringen.

Der Zufall ergab, dass 1990/91 der Bedarf an Nachhilfe an meiner alten Schule so groß war, dass ich damit das Wartejahr gut überbrücken konnte.

Aber ich wurde auch auf harte Proben gestellt: Eine Schülerin las und übersetzte CÄÄÄÄÄSAAARS BEE-ELLUUUM GAAALLICUUM in einer Nachhilfestunde sooooo langsam, dass ich dabei regelmäßig einnickte, zumal die Stunde im Mittagstief stattfand. Ein anderer Schüler war das Gegenteil: er sprach so schnell, schrill und hektisch, intonierte in der Stunde auch häufiger Lieder oder gar Arien, dass er mich fast immer als nervliches Wrack zurückließ. Er erschien einmal fast eine Stunde zu spät in einem blutverschmierten Trainingsanzug der Nationalmannschaft. Der Grund: Er fuhr auch so Fahrrad wie er redete und sang und teilte mir, auch leicht am Gebiss lädiert, mit: „Iff bin voll in eine Fufgängergruppe gebrettert!"

Eine weitere Nachhilfeschülerin benutzte ein Parfum, das mit seinem süßlichen Geruch zugleich komatöse Zustände wie auch Übelkeit hervorrief. Die Nachhilfestunden waren immer ein Balanceakt, aber ich wollte die Schülerin, die sehr bemüht und lieb war, nicht brüskieren. Was hätte ich auch sagen sollen: „Du bist sehr eifrig, aber ich kann dich nicht riechen?!"

Jugendliche leiden bisweilen an Selbstüberschätzung. Einer stellte mir allen Ernstes die Frage, woran er mich erinnere und welche Berufslaufbahn darauf basieren könne? Als ich keine Antwort wusste, sagte er: „Ich bin der Nachfolger von Don Johnson in Miami Vice!“ Ich dachte an mein altes Berufsziel Bundeskanzler und hielt bescheiden die Klappe.

Dieses Jahr Nachhilfe bescherte mir nicht nur eine abgesicherte Finanzierung, sondern auch eine Fülle von netten Bekannt- und Freundschaften, Lachkrämpfen und Anregungen für komische Szenen, die ich nicht missen möchte. Aber nach hunderten Nachhilfestunden galt auch hier der rheinische Satz: „Et war jut, abber jetzt is' et auch jut!“

Ich habe auch später noch die eine oder andere Nachhilfestunde erteilt, z.B. einem kroatischen Flüchtling, der innerhalb weniger Wochen nicht nur Deutsch, sondern auch Latein lernte und damit meine volle Bewunderung erregte. So geballt wie 1990/91 wurde es jedoch nie mehr, und ich bewundere alle Kolleginnen und Kollegen, die an solchen

Instituten wie der Schülerhilfe o.ä. hauptberuflich tätig sind. Das wäre nichts für mich.

Ich wollte ein klassischer Lehrer an einer ganz normalen Schule werden. Doch auch hier hat Gott vor den Erfolg den Schweiß gesetzt (griechisches Originalzitat), nämlich die Referendarzeit. Ich weiß, dass viele Kollegen diese Zeit abgrundtief hassen und verfluchen. Für mich aber sollte es eine insgesamt schöne und erfolgreiche Zeit werden mit etlichen wichtigen Weichenstellungen für mein Leben.

Referendar in Düsseldorf und Grevenbroich: Ein verschwundenes Auto und ein verhasster Overheadprojektor

1991 wurde ich Referendar am Seminarstandort Düsseldorf und schließlich am Görres-Gymnasium. Zunächst fremdelte ich etwas mit der Landeshauptstadt. Die war viel größer als die Bundeshauptstadt, aber allmählich entwickelte sich eine Liebe, die bis heute geblieben ist. Ein Düsseldorf-Bummel, über die “Kö“ zur Altstadt gehört für meine Frau und mich zum festen Bestandteil unseres Lebens; unsere Trauringe heißen “Düsseldorf“ und wir verbinden mit dieser Stadt manches schöne und wichtige Erlebnis.

Als Referendar jedoch fängt man erst einmal wieder ganz unten an. Auch hier sind "Lehrjahre keine Herrenjahre". Nicht zu Unrecht gibt es den alten Witz, dass Referendare Schüler sind, die das Lehrerklo benutzen dürfen. Zunächst teilte man uns von Seiten des Arbeitsamtes mit, dass unsere Ausbildung ein sicherer Weg in die Arbeitslosigkeit sei - ein charmanter und vor allem auch motivierender Weg, junge Menschen auf den Beruf vorzubereiten. Doch nebenbei: Es sollte sich als falsch erweisen. Bedingt durch die schon erwähnte Mangelsituation aufgrund der Wiedervereinigung erhielt so gut wie jeder aus unserem Ausbildungsseminar eine Stelle. Zunächst durften wir uns aber nur Unterricht ansehen und bemerkten gleich, wie unterschiedlich Menschen und Methoden sind.

Mein Fachleiter für Griechisch war eine Art Kölscher Sokrates, der in sich selber ruhte, alles ganz "hösch" (langsam) anging und auch mal eine Fünf gerade sein ließ, weil er einfach über den Dingen schwebte.

Der Fachleiter für Latein, schwebte nicht nur über den Dingen, sondern auch über den Menschen und überhaupt. Er hatte divenhafte Züge, war knallhart, ehrgeizig und vorpreschend. Dass wir einmal bis heute eine gute Beziehung zueinander haben würden, hätte ich damals im Traum nicht geglaubt.

Zunächst war die direkte Begegnung mit Schule und vor allem Schülern eine wahre Befreiung. Nach den Jahren der Weltabgewandtheit, in denen man das Gefühl bekam, Cicero und Homer wären nie gestorben, traf man jetzt auf lebende Menschen und zwei lebendige Sprachen: Griechisch und Latein. Die wurden gelernt und gelehrt von Menschen, die sich kleiden konnten, ein Deo benutzten und einen Kaffeeautomaten selbständig bedienen konnten.

Welch ein Unterschied zum Bonner Seminar! Doch bei mir führte die Freude auch zu einem gewissen rheinischen Leichtsinn, der hier völlig unangebracht war. Am Düsseldorfer Görres Gymnasium lernte ich einen alten Lehrer kennen, Herrn Reitz, der mit seinem Fachwissen, seinem Humor und seiner Schlagfertigkeit alles verkörperte, was ich schätzte. So wollte ich auch unterrichten!

Dass ich vor lauter Begeisterung, Freude und Entertainment dann schon mal die Kreidefarben vertauschte, bei der Gliederung Punkte ausließ und so manches andere fehlte - wen störte das schon: Et kütt, wie et kütt. Oder wie man in meiner Heimat sagt: „Tu langsam, heut und morgen noch, dann ham 'r wieder übermorjen." Von wegen, nachdem man in Düsseldorf meine Defizite noch großzügig als Anfängerfehler betrachtet hatte, sollte nun die Schule auch für mich wieder der Ernst des Lebens werden.

Da man mir am Erasmus-Gymnasium Grevenbroich eine Stelle nach der Referendarzeit in Aussicht gestellt hatte, wechselte ich im Sommer '92 dorthin und damit war das schöne "Kö-Leben" vorbei. Ich bekam zwar den besten Ausbildungslehrer meiner Referendarzeit, Herrn Wachten, musste aber auch gehörig kämpfen und erlebte manche Niederlage, von denen ich nur zwei recht lustige erwähnen möchte.

Bei einer Lehrprobe im Dezember 1992 zwang man mich zur Benutzung des von mir gehassten Overheadprojektors. Das ist der, der die Bilder auf die Wand projiziert. Bei dem schreibt man mit einem Stift auf eine Folie und das Ganze wird vergrößert an die Wand geworfen. (Lieber hätte ich ihn an die Wand geworfen...). Soweit so gut, es lief gar nicht so schlecht, bis mein Fachleiter mir am Ende der Stunde mitteilte, dass ich keine Folie benutzt hatte. Die Frau des Hausmeisters brauchte Stunden, um die Schrift mit Hilfe von Ajax wieder aus der Glasplatte herauszubekommen.

Was hatte mich diese Stunde gelehrt? Ich war eher lustiger als lehrreich. Bei einer anderen Lehrprobenbesprechung ging es weniger lustig zu: Mein Fachleiter faltete mich zusammen und die Situation eskalierte, weil ich eine Majestätsbeleidigung beging: Ich betete nicht "Du bist der Herr, mein Gott", sondern widersprach, worauf mich der Blitz am Schluss des hochemotionalen Gesprächs traf. Nachdem ich meine Erwartung auf die Endnote - gut- deutlich gemacht hatte, sprach mein Fachleiter einen Satz, der für mein Leben fast immer eine Erfolgsgarantie war:

"DAS SCHAFFEN SIE NIE!"

Und ein erstes handfestes Ergebnis dieses Gesprächs ergab sich sofort, denn ich hatte vergessen, wo ich mein Auto geparkt hatte. Ich suchte über eine Stunde.

Doch genau dieses Gespräch sollte die Wende sein. Von da an packte ich allen Kampfgeist zusammen, ließ mich gut beraten und erreichte am Ende die Note “gut“.

Das war am 28.10.1993, genau einen Tag vor meinem 29. Geburtstag. Die Welt, oder zumindest, die Schule, schien mir wieder offen zu stehen.

Doch zehn Jahre nach dem Abitur gab es auch jetzt wieder eine Krisenzeit durchzustehen, bis das lang ersehnte Ziel erreicht war.

INTERMEZZO

Reden, Reden, Reden

Eigentlich wurde ich 1988 ein zweites Mal entdeckt. Ich hielt meine erste Büttenrede als “Rentner von Mariadorf“, die ein solcher Erfolg wurde, vor allem wegen des Lokalkolorits, das das Fernsehen eben nicht bieten konnte und kann.

Ich wurde im ganzen Ort und bei vielen Vereinen bekannt. Zunächst moderierte ich das Jubiläum unseres Pastors und hielt eine launige Rede. Mein langjähriger Berater, der auch im Kirchenvorstand war, erkannte die ökonomischen Chancen und sagte: „Damit kannst du auch im Jahr, also außerhalb des Karnevals, Geld verdienen.“ Auf meinen zweifelnden und erstaunten Blick hin erklärte er dann: „Ich vermittle dir Auftritte in meinen Geschäfts- und Tenniskreisen. Du hältst Reden, die auf die jeweiligen Anlässe zugeschnitten sind."

Und er hielt Wort. Ich habe in seinem Umkreis bis heute hunderte solcher Reimreden und Vorträge gehalten und moderiert. Dadurch bekam ich eine unersetzbare Bühnenerfahrung, da ich mich ja auch auf die außergewöhnlichsten Situationen einstellen musste. Ich bin in vielerlei Uniformen vom Straßenbahnfahrer bis zum Metzger aufgetreten, habe auf Baustellen, in Wohnzimmern, in Kneipen und auf Plätzen meine Reden gehalten, oft als Geschenk oder als Überraschungsgast. Dabei bewies ich Spontanität, Flexibilität und gute Nerven, die vor allem meine Umgebung an den Rand des Nervenzusammenbruchs brachten.

Die Reden änderte ich bis zur letzten Minute vor dem Auftritt, einmal sogar, als der Tennisclub schon in der Feier saß, auf der ich auftreten sollte. Nach einem Anruf baute ich noch schnell einige Verse ein und trat eine Stunde später mit der Rede auf. Ich schrieb meine Reden auch schon mal im Urlaub, weil ich meistens kurz danach oder direkt am Rückkehrtag auftreten musste, z.B. auf dem Butterschiff nach Helgoland, am Strand von Ischia oder Ägypten oder in diversen Cafés, wie einmal im Sauerland, wo man sich wunderte, dass ich dort so lange verharrte.

Einige Reden sind auch bei Kurztripps ins Saarland entstanden, wo eine Schulfreundin meiner Mutter wohnt, die wir regelmäßig besuchten und die saarländische Küche genossen. Ich erinnere mich dabei gerne an eine besonders schöne Szene 2009, als ich einen Vortrag für die Uni Hamburg im Saarland ausarbeitete und laut deklamierend probte, wobei mir meine fünf Monate alte Tochter Marie aus dem Kinderwagen zusah und mich anlächelte. Das war noch viel schöner als der Beifall in Hamburg einige Wochen später.

1994: Lehrer am HGG

Hurra, Hurra, de liebe Jung is widder da.

Zwischen Referendarzeit und Stellenantritt lagen neun Monate einer Krise, die man heute als "Burnout" bezeichnen würde.

Am Ende meiner Zeit in Grevenbroich wurde ein Kollege krank und ich übernahm seinen Unterricht. Das war eine große Chance für mich, zumal ich immer noch auf eine Stelle hoffte. Doch nach Examensstress und diversen Auftritten, die ich auch damals schon absolvierte, war ich völlig ausgelaugt und schaffte alles nur mit letzter Kraft.

Als Belohnung für meine Anstrengungen teilte man mir mit, dass am Erasmus-Gymnasium keine Stelle zu bekommen sei. Das hatte ich zwischenzeitlich auch schon vom HGG vernommen. So stand ich am Jahresanfang 1994 ohne Stelle da, absolvierte aber wieder eine sehr erfolgreiche Karnevalssession. Nur, vom Karneval allein konnte ich aber (noch) nicht leben.

Da es mir auch finanziell schlecht ging, fing ich wieder an, als Nachhilfelehrer zu arbeiten. Mit welcher Begeisterung kann man sich vielleicht vorstellen.

Doch schon im März geschah das Wunder, das ich häufiger in scheinbar ausweglosen Situationen erlebt hatte: Pater Gilles, der neue Direktor am HGG, sicherte mir eine volle Stelle zum neuen Schuljahr zu.

Am 08.08.1994 wurde ich endlich Lehrer an meiner Schule, dem HGG in Broich. Nach zehn Jahren hatte ich mein Ziel erreicht, allen Unkenrufen zum Trotz. Trotz einiger weiterer Schwierigkeiten und Tiefpunkte trat ich meinen Dienst an. Das Echo war durchaus geteilt. Während viele sich freuten, begegnete man dem Büttenredner, der nie ein Blatt vor den Mund genommen hatte, mit Skepsis und Misstrauen. Schließlich war ich ja ein Komiker!

Und komisch kann Schule ja auch sein...

Die schönste Reise: Klassenfahrt nach Rom

Besonders schön ist es natürlich, wenn man mit Schülern fährt. Als Lateinlehrer fährt man dann natürlich nach Rom. Aber das ist nicht mehr so wie früher. Die Schüler weinen nicht mehr, wenn sie sich von den Eltern verabschieden. Die stürmen in den Zug, reißen die Fenster runter und grölen:

„Wir versaufen eure Rente, Halleluja!“
Entsetzte Passanten fragen mich dann:
„Von welcher Schule kommen sie denn?“
„Heilig-Geist-Gymnasium!“

Schon auf dem Bahnsteig sieht man den Unterschied zwischen Jungens und Mädchens bei de Hyäne. Die Mädchen kommen mit drei Koffern an und sagen dann: „Herr Beckers, können sie bitte mein Beautycase aus ’m Auto holen?!“

Die Jungens kommen mit zwei Unterhosen, eine haben se an. Ja, die sehen das sportlich, die sagen:

„Wo PUMA draufsteht...“

Und wenn man mit dem Bus fährt, dann sieht man die Schüler schon da stehen mit extra für die Fahrt bedruckten T–Shirts: “Vati kan, Mutti mich auch mal!“, “Hi, Nero, Rom brennt bald wieder!“ Da bekommt man als Lehrer richtig Bock mitzufahren. Und die Schüler haben ja auch Alkoholverbot. Wenn wir in Aachen los, fahren, trinken se bis Düren heimlich, ab Kerpen packen se alles aus, ab Frechen sauf ich selber mit. Sonst hält man es nicht aus.

Man nimmt dann meistens einen jungen Kollegen mit, der soll auf so einer Fahrt das Leben kennenlernen. Das kennt der schon in Kerpen-Buir. Man sagt dann:

„Herr Frings, stellen sie sich bitte einmal vor, begrüßen sie mal die Schüler.

„Ja, guten Morgen, ich möchte euch herzlich begrüßen, mein Name ist Frings, und ich sag immer: erst Frings, dann ging’s, he, he, he.“

Schüler: „Wer hat dat Arschloch denn mitjenommen, den werfen wir in Köln aus ‘m Bus!“

Natürlich müssen die auch Referäte schreiben. Seien wir ehrlich: Die haben wir früher auch oft erst in der Nacht vorher zusammengeschrieben, aber wir haben wenigstens geschrieben, heute loaden die down. Ja, so sprechen die. Wir hätten doch früher auch kein Mädchen gefragt: „Soll ich dir mal meinen Ei-Pott zeigen?“ Wir haben ja auch Eierbecher gesagt.

Und dann stehen die morgens mit dem Referat auf dem Petersplatz und sehen zum ersten Mal, was sie in der Nacht downgeloaded haben.

Schülerin (S): Ich weiß nicht, wie der Platz hier heißt, aber mein Referat geht auch nur über der Kirche: Peter Dohms.

Lehrer (L): Petersdom.

S: Ach so, das ist neue Rechtschreibung.

S: Petersdoms wurde 15 Uhr 6...

L: 15 Hundert ! 6

S: Ach so, das war später...in Rom geboren.

S: Im Innern befinden sich zahlreiche Fressen...

L: Ja, wenn ihr gleich drin seid. Bis dahin sind es Fresken.

S: Fress...ken kenn ich nicht, ich bin Vegetarierin. Die wichtigsten Künstler sind Rafäl

L: Raf-fa-el

S: Ach so, das waren drei...und Michael Engels, englisch Maikel Ängelo...

S: Da oben im Palast wohnt der Papst, der hat so nen schweren
Nachnamen... Benedikt Xvi

L: Das ist der sechzehnte, du Idiot!

S: Ach so, ja zum Zählen bin ich nicht mehr gekommen.

Und solchen Schülern soll man dann in Rom die Schönheiten der Antike erklären. Die sagen dann staunend:

„Wie?! Caesar ist tot?! Hat doch gar nix bei Facebook gestanden!“

Dabei kann man ihnen gar keinen Vorwurf machen. Die sehen ja überall nur Verkehrtes, überall falsche Rechtschreibung. In jeder Frittenbude ne andere Schreibweise von Kotelett: Kotlet, Kottelette. Letztes habe ich in einer Frittenbude Kotelett mit drei “l“ und vier “t“ gesehen. Ich sagte: „Ich komm zwar aus Alsdorf, aber das seh´ ich sogar, dass das falsch ist. Kotelett gibt es im Duden nur mit einem “l“ und zwei “t“. Da guckt die mich wütend an und sacht: „Dann gehen se doch in den Duden!“

Und bei so einer Generation kann natürlich auch keine Romantik aufkommen. Die sehen ja auch bei den Promis nichts anderes. Ich weiß nicht, ob se noch mal den Joschka Fischer gesehen haben. Als Außenminister war der schlank und rank, Marathonläufer. Jetzt ist der sooo dick. Der hat die fünfte Frau, ich glaube, eine hat er gegessen.

Dabei ist das bei Politikern sowieso nicht immer eine romantische Liebebeziehung, sondern mehr Vorbildcharakter. Das gilt auch für Angela Merkel. Die hat zwar noch nicht dieselbe Ausstrahlung wie Helmut Kohl, trägt aber schon seine Anzüge auf. Außer bei dem einen Mal in Bayreuth... können sie sich noch erinnern. Ich sach zu meiner Frau: „Da sitzt de Merkel bei de Wagner-Festspiele in einem freizügigen grünen Kleid. Jetzt weiß ich auch, warum das grüner Hügel heißt. Die hat ihr Rheingold im Ring der Nibelungen. Wenn der gleich kaputt geht, wird die Götterdämmerung vorgezogen.

Aber wie soll auch heute noch Romantik entstehen. Alles geht über Telefon und Computer. Jeder hat ein Handy. Man schickt sich SMS und die noch abgekürzt. Wenn man frisch verliebt ist, schreibt man ILD: Ich liebe dich. Wenn man länger verheiratet ist, schickt man sich SMS wie BBM: Bring Brot Mit. AOK: Aber Ohne Körner.

Schon am Klingelton kann man den Stand einer Beziehung ermessen. Als wir anfangs verheiratet waren, hatte meine Frau für mich als Klingelton "So ein Mann, so ein Mann". Wenn ich sie jetzt anrufe, hat sie für mich als Klingelton "Lebt denn der alte Holzmichl noch?"

"Tempora mutantur" oder frei: Schule, wie haste dir verändert!

Die Schule hat sich im Laufe der Jahre sehr verändert, was vor allem an den Schülern liegt. Heute haben wir eine Generation, die sich durch "Alter", "geil" und "krass" schon rein sprachlich von allen Vorgängergenerationen abhebt. Das gilt auch für das Verhalten.

Wenn früher ein Schüler zu spät kam, sagte er zum Lehrer: „Entschuldigung!" Kommt Ihnen vielleicht noch bekannt vor. Wenn heute ein Schüler zu spät kommt, sagt er zum Lehrer: „Hä, Alter, haste schon angefangen?!" Dann sagt der Lehrer: „Entschuldigung!"

Bei einem Kollegen kam ein Schüler zehn Minuten zu spät. Als der Kollege ihn nach der Begründung fragte, sagte er: „Mein Pferd ist zusammengebrochen." Zehn Minuten später erschien der nächste Schüler, also schon zwanzig Minuten zu spät. Der Kollege echauffierte sich: „Das ist ja eine

Unverschämtheit, da muss dir aber schon ganz was Besonderes einfallen!“ Darauf der Schüler ganz trocken: „Ich war pünktlich, aber auf der Treppe lag ein totes Pferd!“

Solche Komik kommt natürlich bei Lehrern nicht immer gut an, vor allem, wenn sie sich für Intellektuelle halten, bzw. für unterschätzte Intellektuelle, die in Wahrheit den Nobelpreis oder wenigstens einen Redaktionsposten bei der Encyclopedia Britannica verdient hätten. Sie hielten sich auch schon mal für Lord Byron oder Napoleon, vor allem dann, wenn sie deren Körpergröße nicht überschritten.

Für die meisten Schüler aber kam ich wie gerufen: Ein Lateinlehrer, bei dem man lachen konnte, der eigene Texte schrieb und die eigentlichen Helden der Kindheit - Benjamin Blümchen, Micky Maus und Snoopy - im Lateinunterricht auftreten ließ. Ich kam blendend an, was nicht überall blendend ankam.

Rückblickend kann ich heute sagen, die 15 Jahre HGG waren eine tolle Zeit, die ich nicht missen möchte, zumal ich hier an dieser Schule meine große Liebe kennenlernte, die ich schließlich auch heiratete: Sandra.

INTERMEZZO

Frauen - ein schwieriges Kapitel

Sandra war meine Schülerin und ich seit zwei Jahren ihr Klassenlehrer, als ich 1996 ihren ersten Liebesbrief bekam.

Ich war völlig geschockt und fürchtete um meine Stelle. Für meine Bedenken hatte sie wenig Verständnis, aber bei mir ging es um Kopf und Kragen. Ein Verhältnis zu einer minderjährigen Schülerin hätte mich nicht nur meinen Job gekostet. Ich blieb also vernünftig, wenn ich auch diese Avancen im Hinterkopf immer hatte und mich fragte: „Und wenn sie doch die Richtige wäre?!"

So blieb ich zwei weitere Jahre allein, d.h. ohne feste Freundin. Auch wenn ich kein Frauentyp war, ganz zölibatär lebte ich dennoch nicht. Bei den meisten Bekanntschaften galt der Grundsatz: Die, die mich wollten, wollte ich nicht und umgekehrt.

Das hing wohl auch damit zusammen, dass meine erste große romantische Liebe, die ich in Rom kennenlernte, unerwidert blieb, trotz aller Versuche und meiner Hartnäckigkeit. Es gab zwar über die Jahre immer die eine oder andere, aber "DIE EINE" war nicht dabei.

Über Sandra und mir schwebte das Damoklesschwert der "Schüler-Lehrer-Beziehung", bis ein Kollege und Freund durch eine Bemerkung alle Dämme löste. Es war der Karnevalsdienstag 1998, da teilte er mir mit, dass eine Schülerin ihm ihre Liebe zu mir gestanden habe. Auf Nachfrage meinerseits, rückte er den Namen heraus: Sandra. Das löste bei mir einen Ausruf des Entsetzens aus: „Noch immer?! Das ist doch zwei Jahre her. Außerdem war sie meine Schülerin."

Darauf seine Entgegnung: „Das war meine Frau auch!"

Als auch noch meine Mutter, von der ich heftigsten Widerspruch erwartet, wenn nicht sogar erhofft hatte, ausrief: "Warum denn nicht? Du bist doch kein Priester!", hielt ich alle um mich herum für verrückt.

ABER: Der Damm war gebrochen. Von jetzt an ließ mich der Gedanke nicht mehr los. Als mir Sandra dann auch noch eine Einladung zu ihrem 18. Geburtstag überreichte, waren die Würfel schon fast gefallen. Ich wollte da hin und wusste ganz genau, was passieren würde.

Und so kam es: Am 21.03.1996 teilte ich ihr auf ihrer Geburtstagsfeier mit, dass es nun auch bei mir so weit sei. Eine Woche später waren wir ein Paar.

Es wurde jedoch ein erbitterter Kampf über fast ein Jahr, an dessen Ende auch ein Großteil der Jahrgangsstufe und des Lehrerkollegiums gegen uns standen, wobei Letzteres allerdings eher unerheblich war.

Ich habe mich in 40 Jahren nicht um das Gerede der Leute geschert, ich wollte jetzt kaum damit

Meine erste Klasse als Lehrer (2. von links stehend) mit meiner späteren Frau Sandra (6. von links stehend)

anfangen und fingen die Sätze mit:

"DAS SCHAFFST DU NIE..."

an, war das fast immer eine Erfolgsgarantie.

Mitten in dieser Krise verlobten wir uns am 01.01.1999, um ein Zeichen, natürlich auch eines des Trotzes zu setzen.

Ein halbes Jahr später war alles überstanden, meine Verlobte und ich urlaubten in der Karibik am Strand von Punta Cana. Es war wie eine vorgezogene Hochzeitsreise. Doch gerade dieses Jahr 1999 sollte für uns wieder gravierende Umwälzungen und auch Schicksalsschläge bringen, die wir in Punta Cana nicht einmal erahnen konnten.

Hausmannskost

Vom Karneval zum Kabarett

Bundeskanzler wollte ich inzwischen bescheidenerweise nicht mehr werden, aber ich hatte ein anderes Ziel: Ich wollte ins Fernsehen.

Das über den Karneval zu versuchen, fiel mir seltsamerweise nicht ein, obwohl ich die großen Büttenredner, Guido Cantz als "Ein Mann für alle Fälle", Willibert Pauels als "Bergischer Jung", Jupp Menth als "Ne kölsche Schutzmann" und Dieter Röder als "Ne Knallkopp", sehr bewunderte. Aber einfach in diese Richtung zu gehen (wobei das ein schwerer und harter Weg ist), fiel mir (noch) nicht ein.

Über meinen persönlichen Berater kam ich in Kontakt zu einem Medienberater, der früher fürs Fernsehen gearbeitet hatte. Er riet mir zu einem Soloprogramm, wovon ich bislang wenig Ahnung hatte. Doch da fiel mir eine Figur wieder ein, mit der ich den bisher größten Erfolg in einer Büttenrede gehabt hatte: "Der Hausmann". Schon in der Büttenrede 1997 gab es Szenen aus dem Alltag und auch Sprachbeobachtungen und Witze. Ich musste "NUR" diese Figur auf ein zweistündiges Soloprogramm umschreiben und ich wollte Musik dabei haben. Im Herbst 1999 machte ich mich an die Arbeit und schrieb das Programm "Hausmannskost", ein zweistündiges Bühnenprogramm, in dem legendäre Szenen enthalten waren, die ich bis heute als Zugabe oder in Best-ofs immer wieder gerne spiele: "Die ALDI-Szene, Jopie Heesters und Howard Carpendale mit Hello Again".

Der Zufall oder besser die Fügung wollte es, dass ich im September 1999 eine Abschlussfahrt nach

Griechenland machte, bei der ein ehemaliger Schüler als Begleiter mitfuhr: Harald Claßen (Harry). Dass Harry ein begnadeter Musiker war, wusste ich auch damals schon und nach einigen Überlegungen bat ich ihn schließlich, mich in meinem Soloprogramm musikalisch zu begleiten. Ein Glücksgriff, der bis heute einen großen Teil unseres Erfolgs ausmacht.

Nach etlichen Redaktionsstunden und Proben hatten wir am 12.11.1999 unsere Vorpremiere, bezeichnenderweise im Pfarrheim Mariadorf. Ich wollte da anfangen, wo meine Wurzeln lagen. Der Abend vor 150 geladenen Gästen verlief geradezu grandios, obwohl ich, ausgerechnet beim ALDI-Marsch, einen Texthänger hatte. Ich selbst nahm das wesentlich schwerer als das Publikum, welches uns restlos begeistert zujubelte.

Nur der Medienberater mutierte schon an diesem Abend zum allwissenden Manager, was später zu erheblichen Schwierigkeiten und schließlich zur Trennung führen sollte.

Nun strebten wir voller Enthusiasmus der Premiere entgegen, die für den 25.11.1999 im Ballsaal des "Alsdorfer Cinetowers" geplant war.

Doch so einfach sollte sich das alles wiederum nicht gestalten: Nach einem Vorgespräch im Cinetower teilte uns ein Mitarbeiter mit, dass wir den Saal nicht mieten könnten und auch die ausgehängten Plakate wieder abnehmen müssten. Ich war wütend und verzweifelt, ich wusste, dass hier von Anfang an Neid und Missgunst im Spiel waren. Aber, was tun? Sandra, meine Verlobte, riet mir, mich mit unseren Direktor Pater Gilles in Verbindung zu setzen, um ihn um die Aula des HGG zu bitten.

Genau das wollte ich aber nicht. Ich wollte Schule und Bühne streng trennen, um unnötige Konflikte zu vermeiden. Beides sollte nicht gelingen, tat aber dem Erfolg keinen Abbruch.

So ging ich doch zu Pater Gilles und er half mir. Er hatte uns auch schon ein Jahr zuvor geholfen, bzw. gerettet, indem er unsere Schüler-Lehrer-Beziehung tolerierte. Damit sicherte er mir die Stelle und Sandra das Abitur. Das werden wir ihm nie vergessen. Im Jahr 2000 schied er aus dem Amt des Schulleiters aus, verließ aber überraschenderweise auch den Orden und gab sein Priesteramt auf. Er wohnt seitdem im Schwarzwald und wir haben ihn einige Male besucht und unsere Dankbarkeit zum Ausdruck gebracht.

So konnte dann doch am 25.11.1999 die Premiere von "Hausmannskost" über die Bühne des Pädagogischen Zentrums (PZ) des HGG gehen.

Es wurde ein Triumph. Die Veranstaltung war seit Tagen ausverkauft und mit 500 (allerdings polizeilich nicht erlaubten) Zuschauern erlebte das PZ eine Menge an Zuschauern, die es vorher und auch nachher nie mehr erleben sollte. Am Ende gab es Standing Ovations und eine Hymne in der Presse. Ich war sprachlos ob dieses Erfolgs und wähnte mich schon im Fernsehen.

Der Mensch denkt und Gott lenkt, könnte man sagen, denn die härtesten Rück- und Schicksalsschläge seit vielen Jahren standen uns noch bevor.

Der Star in "Hausmannskost": Johannes Heesters bei Biolek

B: Hallo Jopie, das freut mich ja, dass du einmal mein Gast bist. Ich wusste gar nicht, dass du auch kochst. Wie lange kochst du denn schon?

J: Ich koche schon fast hundert Jahre.

B: Ah, dann hast du ja schon etwas Erfahrung. Aber Jopie, du bist ja ein so eleganter Mann, immer mit Frack und Zylinder, da kochst du doch auch bestimmt etwas ganz besonderes, vielleicht mit Champagner, den du ja immer trinkst ... oder ein Sorbet?!

J: Ich koche eine Bratwurst.

B: Eine Bratwurst?! Das ist doch nix Besonderes.

J: Allerdings, dabei muss man genau aufpassen, denn ...

Bratwurstlied

Es kommt auf die Sekunde an, wenn man ne Bratwurst brät.
Wie schnell brennt so ne Bratwurst an und dann ist es zu spät.

Doch wer die Bratwurst richtig brät,
und kocht geschickt, nicht dumm,

der tut, was ihm der Jopie rät,
und dreht sie zweimal um.

B (singt): Und dreht sie zweimal um. Das ist ja ein super Kochtipp, so etwas Ausgefallenes habe ich ja noch nie gehört. Ich bin völlig aus dem Häuschen. Aber damit ist die Bratwurst noch immer nix Besonderes.

J: Doch !!! Und das liegt an der Soße, da zeigt sich die wahre Kreativität.

Soßenlied

Ein Glück, dass ich so gut kreieren kann,
an die Soße nur Champagner oder Sekt.

Dabei darf man sich nicht genieren, Mann,
weil doch so nur jede Soße richtig schmeckt.

Dazu noch etwas Armagnac,
das bringt doch erst Geschmack,
und dann noch etwas Cognac rein, so soll es sein.

Ein Glück, dass ich so gut kreieren kann,
dass die Soße nur bei Jopie richtig schmeckt.

Die Soße musst du nur probieren, Mann,
und die Bratwurst wirfst du dann am besten weg.

INTERMEZZO

Krach im Kabarett und ein schlimmer Schicksalsschlag

Manchmal sind die alten Volksweisheiten die treffendsten: “Der Erfolg hat viele Väter...“ und “Viele Köche verderben den Brei...“

Nach dem Triumph von Broich fühlten sich alle als Sieger und jeder für etwas zuständig. Harry und ich, die den Erfolg auf den Bühnen erstritten hatten, wurden fast zu Nebenfiguren. Jeder um uns herum wollte jetzt wenigstens Manager sein. Daran zerbrach schließlich die Zusammenarbeit mit einem Freund, den ich aus dem Karneval als Berater geholt hatte.

Zunächst schien der Erfolg nahtlos weiter zu gehen. Die Aula des Alsdorfer Gymnasiums war ebenso ausverkauft wie die in Broich. Auch hier gab es am Schluss Standing-Ovations, es gab aber auch die ersten Misstöne und Andeutungen eines

Schicksalsschlages, von dem ich mich nur langsam erholen sollte. Es wurde eine weitere Medienberaterin hinzugezogen, die zu folgendem Schluss kam: Um überregional erfolgreich zu sein und schließlich ins Fernsehen zu kommen, müsse man Stil und Anlage des Programms total ändern und vor allem auf Regionales wie Dialekt verzichten.

Damit hätten wir uns aber genau der typischen Art des Programms entledigt und beraubt, die das Publikum haben wollte: D'r ALDI, d'r Auto etc. Ich war mir klar darüber, dass ich lieber auf überregionalen Erfolg, als auf meine typische Art verzichten wollte.

Mitten in diese Auseinandersetzungen hinein traf mich ein Schicksalsschlag, welcher der schwerste nach dem Tod meines Bruders war: Meine Mutter verunglückte am 23.12.1999, also am Vortag des Heiligen Abend.

Ich werde nie diesen Anblick vergessen, als wir am Heiligen Abend an ihrem Bett auf der Intensivstation standen und für ihr Leben beteten. Es sollte fast drei Monate dauern, bis sie nach Intensivstation und Reha wieder ins Leben zurückkehrte.

Während der Rekonvaleszenz meiner Mutter sagte ich alle Auftritte im Karneval und Kabarett ab.

Ich gelobte, mich noch mehr um meine Mutter zu kümmern, was ich bis zu ihrem Tod 2012 auch durchgehalten habe.

Erst im März 2000 ging es mit einer Benefizveranstaltung vor einer wiederum ausverkauften Aula in Broich weiter. Doch jetzt bekam auch noch das Kabarettprogramm Gegenwind. Die etablierte Szene am Ort spielte sich auf einmal zum Kabarettexperten auf. Man versuchte uns klein zu reden, indem man uns jetzt nur in die Karnevalsszene einordnete.

Für mich, als Karnevalisten, war das keine Beleidigung, aber dennoch tat ich mich schwer mit der Kritik. Ich experimentierte am Programm herum, und es sollte noch einige Zeit dauern, bis wir unseren endgültigen Weg gefunden hatten.

“Hausmannskost“ blieb ein Erfolgsrezept, was der Verkauf der ersten CD zu Weihnachten 2000 deutlich bewies, doch anstatt jetzt einfach an diesen Erfolg anzuknüpfen ließ ich mich von der Kritik zunächst beeinflussen.

Ohrläppchen FKK - Irrwege und Korrekturen

Die Holländer, die Jugend und de Kommelion

Im Sommer 2000 endete “Hausmannskost“, und ich nahm mein zweites Kabarettprogramm in Angriff, das den Erfolg toppen und uns hoffentlich zu überregionalen Erfolgen und schließlich ins Fernsehen führen sollte.

Denkste! "Ohrläppchen FKK" war ein Schritt in die falsche Richtung, den ich erst beim Weihnachtsspecial 2001 ganz korrigieren konnte. Die Idee war eigentlich gar nicht so schlecht und recht originell: Basierend auf meinen abstehenden und hervortretenden Ohrläppchen inszenierten wir FKK, ein “Festival Kleiner Körperteile“ wie Nasenhaar, Gaumen, Mundwinkel etc.

Aber dem normalen Publikum war das zu wirklichkeitsfremd, die Szenen viel zu lang und langsam und die Sprache viel zu weit weg vom Hausmann. Ich wollte es jedem recht machen, aber das gelang nicht.

In einem Anflug von Hilflosigkeit ließ ich bei der Vorpremiere im Foyer der Alsdorfer Stadthalle Stimmzettel austeilen, auf denen jeder der geladenen Gäste die einzelnen Szenen beurteilen sollte. Der Schuss ging nach hinten los. Viele fühlten sich jetzt zum Kritiker berufen und am Ende wusste ich selbst nicht mehr, was ich eigentlich wollte.

Nach einem Probenmarathon gingen wir im September 2001 in die Premiere in der Alsdorfer Stadthalle, die mit 600 Zuschauern sehr gut gefüllt war. Aber das Programm war viel zu lang (fast drei Stunden) und nach einem fulminanten Anfang ließ die Stimmung zunehmend nach, was wir erst am Ende wieder in den Griff bekamen. Ich musste Lehrgeld zahlen, das Programm kürzen und wieder auf Alltagsszenen und -sprache umschreiben. Das einbringen, was die Leute so sehr mochten.

Es gelang und schon das Weihnachtsspecial wurde ein voller Erfolg. Im Frühjahr 2001 nahm das

Programm seine endgültige Gestalt an und bekam neue, unvergessene Szenen wie u.a. “Die Jugend“ und “De Holländer met et kuitbeen“. Der Grundstein für künftige Erfolge war gelegt.

Bei einem Frühjahrsspecial 2002 bekam das Programm dann auch eine legendäre Szene, die bis heute eine Art Markenzeichen geblieben ist, und immer wieder, zumindest als Zugabe, gefordert wird: “De Kommelion“.

Allen Unkenrufen zum Trotz arbeiteten wir uns langsam voran und spielten jetzt auch an renommierten Stätten wie dem Aachener Jakobshof und der Burg Wilhelmstein in Würselen, wobei uns auch der damalige Bürgermeister kräftig unterstützte.

De Holländer – et kuitbeen

Unsere Nachbarn, die Holländer, sind unterschätzt. Und das liegt an ihrer Sprache. Durch die ganzen Guttural-, also Kehllaute, verliert die Sprache an Wohlklang und Romantik.

Nehmen sie z.B. den wichtigsten menschlichen Satz: “Ich liebe dich“. In Englisch “I love you“, in Französisch “Je t’aime“, mehr gehaucht als gesprochen, eigentlich schon ein erster Kuss, in Italienisch “Ti amo“, in Spanisch “Yo te quiero“, mehr gesungen als gesagt. In Holländisch: “Ik chau van jau“. Da weißte nit: Liebt der dich oder hat der sich verschluckt. Dat wirkt nit durch die Sprache.

Das gilt auch sonst. Die holländischen Strände sind nicht schlechter als die in Italien, Spanien oder sonst wo. Aber während man als Urlauber in Italien oder Spanien immer die Ziele nennt, weil sie schon wie Urlaub klingen – Napoli, Amalfi, Costal del Sol, Costa della Luz – sagt man, wenn man nach Holland fährt: „Wir fahr‘n en paar Tare weg, en paar Tare an de See.“

Dat liecht auch an de Sprache, denn wie wirken gegen Amalfi und Capri Cadzand und Hoek van Holland. Selbst Szenen am Meer würden nicht so wirken. Stellen sie sich einmal die legendäre Szene aus “Verdammt in alle Ewigkeit“ vor, wo sich die beiden im Sand lieben. Auf Holländisch hieße dieser Film “Jefreckt in vakantie“ und damit ginge die Romantik flöten.

Die Holländer haben auch ein anderes Verhältnis zur Liebe, zur Erotik. Das erotischste Körperteil in Holland ist das Wadenbein, holländisch: Et kuitbeen.

So muss man sich auch eine holländische Soap Opera vorstellen wie “Gute Zeiten, schlechte Zeiten“, die hieße auf Holländisch: “Goie Kaas, schlechte Kaas“. Als Kaasverkäuferin stellen wir uns et Antje vor.

Oder noch besser, als Matjesverkäuferin, denn welches Wort könnte erotischer sein als Matsches?! Ihr Angebeteter heißt Jan, der ist von Beruf von Mayonnaise-Mischer. Ja, so viele Berufe gibt es in Holland nicht, sagen wir: Diplom-Mayonnaise-Mischer. Dann fällt et Antje ein Matjes auf de Erd und sie bückt sich. In diesem Moment sieht Jan de kuitbeen van et Antje, denkt: ik chau van ü (dat is in Holland schon e Wort) kuitbeen und es kommt zu einem der schönsten Liebeslieder in leicht holländischer Sprache:

Ik houw van jouw
(Somethin' Stupid)

Ik sah dich an de Matjesstand,
du nahmst ihn dann mit deiner Hand
und sachtest „Daach!"

Du lechtest en Jurk dabei,
ein Zwiebelchen, ganz frank und frei,
wie er da laach.

Als ik dann deine kuitbeen sah,
da wurd auf einmal für mich klar,
dat is mein Vrouw.

Ik möcht mit dir durch's Leben geh'n
und immer deine kuitbeen seh'n,
ik houw van jouw.

Wir gingen zu dir nach Haus,
du packst für mich de Gouda aus, schnittst von ihm ab.

Dann steckten wir nen Picker rein,
so muss es sein, so hatten wir ein Käsechapp,

als ik dann deine kuitbeen sah,
da wurd auf einmal für mich klar: dat is mein Vrouw.

Ik möcht mit dir durch´s Leben geh´n und
immer deine kuitbeen seh´n,
ik houw van jouw.

Einmal im Leben Prinz sein…
Karnevalsprinz der Stadt Alsdorf 2003

Jeder echte Karnevalist hat den Wunsch, einmal im Leben Prinz Karneval oder zumindest Mitglied eines Dreigestirns zu sein. So war es auch bei mir. Da meine heutige Frau Sandra auch schon als kleines Tanzmariechen mit dem Bazillus Karneval infiziert war, haben wir uns entschlossen, einmal Prinzenpaar unserer Heimatstadt Alsdorf zu werden. 2003 wurde dieser Wunsch dann endlich auch Wirklichkeit. Prinz und Prinzessin zu werden ist natürlich kein Wunsch, der nur von Lust, Laune und Begeisterung abhängt, es ist vor allem eine teure Angelegenheit, die manchem die Lust schnell nimmt.

Wir sparten, verzichteten auf Urlaub und legten alles zusammen, wobei Sandra zu dieser Zeit noch Studentin war und dementsprechend auch nur über begrenzte Mittel verfügte. Ich selbst war zunächst doch skeptisch, weil meine gerade erst begonnene Kabarettkarriere nun durch das Prinzenamt unterbrochen wurde. Ich hatte Sorge, die mühsam erkämpfte Position nun wieder zu verlieren. Aber all das sollte sich als völlig unbegründet erweisen, im Gegenteil, mein Bekanntheitsgrad hat enorm von der Prinzenzeit profitiert. Das lag vor allem auch an der Begeisterung und der unkonventionellen Art, mit der Sandra, unser Gefolge (Eheleute Plum, Eheleute Steglich und Bärbel Ludwig) und ich in die Säle zogen und die Menschen mitrissen. Wir ließen uns jedes Mal etwas Neues einfallen und versuchten uns auf jeden Saal individuell einzustellen. Bei Jugendlichen griff Sandra zum Mikrofon und wir rappten.

Dabei hatte Sandra anfangs unter erheblichem Lampenfieber zu leiden und trank vor jedem Auftritt einen Cognac. Im Laufe der Zeit wurde sie auf der Bühne jedoch genauso routiniert wie ich. Als Höhepunkt der Session studierten wir einen Paartanz als Tanzmariechen und Offizier ein, der die Leute von den Stühlen riss. Krönung des Ganzen war ein Triumphzug am Rosenmontag bei strahlendem Sonnenschein.

Gemeinsam mit der Prinzengarde, mit der wir eng verwachsen waren, feierten wir eine wunderschöne Zeit. Ganz nebenbei war ich durch die Auftritte als Prinz weit über Alsdorf hinaus bekannt geworden und hörte zum ersten Mal ein leises Rufen aus der Hauptstadt des Karnevals - Köln. Hier Fuß zu fassen sollte allerdings noch dauern und mit vielen Schwierigkeiten verbunden sein. 2003 sollte ohnehin ein Jahr sein, in dem erst einmal private Weichen gestellt wurden, denn Sandra und ich, beschlossen, im darauf folgenden Jahr zu heiraten.

Die Ringe kauften wir aber schon in diesem Sommer, und ich machte Sandra einen unvergesslichen Heiratsantrag an der Sprungschanze im sauerländischen Winterberg, wo wir uns 1999 auch verlobt hatten. Damals allerdings bei -10 Grad, jetzt bei +35 Grad. Es war der 24. Juli 2003, und wir wollten genau ein Jahr später heiraten.

Da ich Sandra mit diesem Antrag überraschen wollte, musste sie sich die Augen verbinden und so bei +35 Grad in meinem nicht klimatisierten SEAT Ibiza die Fahrt ins Sauerland überstehen.

Das brachte sie fast an den Rand der Erstickung. Mit dem letzten Rest Luft, über den sie noch verfügte, hauchte sie:

„Ja“!!!

Wie auch immer - mehr kann man bei einem Heiratsantrag nicht erreichen.

Bleiben Sie, wie Sie sind und wo Sie sind...

Die Anfänge in Köln und ein herber Rückschlag

Köln war, ist und bleibt DIE Hauptstadt des Rheinischen Karnevals. „If you can make it there, you make it everywhere“. Damit meinte mein Idol, Frank Sinatra, zwar New York, es träfe karnevalistisch aber auch auf Köln zu.

Alle Großen waren und sind hier Zuhause: Guido Cantz, Bernd Stelter, Willibert Pauels, das Colonia Duett, Bläck Fööss, Höhner u. v. a. Hier Fuß zu fassen, das war ein Traum für jeden Karnevalisten, der auf der Bühne steht. Dieser Traum schien 2003 zum Greifen nah und zerplatzte doch zunächst jäh.

Prinzenpaar 2003

2003 hatten mich der Präsident des Festkomitees und der Präsident des Bundes Deutscher Karneval bei einem Auftritt auf Burg Wilhelmstein gecastet und boten mir einen Act bei der Prinzenproklamation des Jahres 2004 an. Es klang wie ein Angebot aus Hollywood. Der ersehnte erste Fernsehauftritt war zum Greifen nah.

Doch nach anfänglichen Avancen bekamen die Herren spürbar kalte Füße und das Klima kühlte ab. Vor allem als der Präsident des Literarischen Komitees, also der Nachwuchskommission, hinzugezogen wurde. Er war mir gegenüber sehr skeptisch eingestellt und sorgte letztlich entscheidend mit dafür, dass aus meinem Auftritt auf der Prinzenproklamation nichts wurde. Hierbei spielte wohl auch die Sorge vor einer Blamage eine Rolle, aber das begriff ich damals noch nicht.

Als man mir den geplanten Fernsehauftritt absagte, war ich zunächst am Boden zerstört. Doch wiederum entschloss ich mich zu kämpfen. Ich erstritt ein zweites Casting und einen Auftritt bei einer Fernsehsitzung, was sich jedoch als Falle erwies.

Man ließ mich im Gürzenich inmitten eines Orchester-Equipments vor der eigentlichen Sitzung auftreten, was natürlich nahezu unmöglich war. Erst zum Ende der Rede wurde die Aufmerksamkeit höher und es gab Achtungsapplaus, was mir aber nicht genügte. Man versprach mir dennoch, der WDR werde die Rede in der Fernsehübertragung bringen, was dann aber doch nicht geschah.

Wir saßen Rosenmontag vor dem Fernseher und waren völlig entsetzt, zumal wir auch einigen Bekannten Bescheid gesagt hatten. Die Enttäuschung war riesengroß und das Kapitel Köln schien beendet.

Zunächst hatte ohnehin wieder das Private Vorrang, denn Sandra und ich heirateten am 24.07.2004.

Nach einer glanzvollen Feier verbrachten wir unsere Flitterwochen in Dubai und fast zehn Jahre sollte es eine wunderschöne, harmonische Ehe ohne große Krisen und Prüfungen sein ...

"tagesschau" und der Durchbruch im Kabarett

Während ich karnevalistisch auf den Durchbruch warten musste, machte ich mich beim Kabarett daran, immer professioneller zu werden. Alfred Sonders, heute Bürgermeister der Stadt Alsdorf, war damals Geschäftsführer der Stadthalle Alsdorf, ein langjähriger Förderer und Freund, von 2006-2008 auch mein Manager.

Er gab mir den Tipp, einen professionellen Regisseur hinzuzuziehen, der dem Programm den nötigen Schliff geben sollte. Er empfahl mir einen echten Profi, der über die entsprechende Erfahrung verfügte und für einige Musical-Inszenierungen am Berliner Theater des Westens gearbeitet hatte. Eine Woche lang probten wir jeden Tag bis zur Erschöpfung, wobei ich ja morgens noch dem normalen Schuldienst nachging. Ich habe ihn einige Male verflucht, aber er gab mir den nötigen Feinschliff und machte mich zum ersten Mal mit darstellerischen und choreographischen Feinheiten vertraut.

Parallel dazu hatte ich, nach vielen Probeläufen, meinen Stil gefunden. Unser Publikum wollte Alltagskomik, die auf genauer Beobachtung beruhte, gepaart mit Sprachwitz, vor allem im rheinischen Dialekt.

Auf diesem Konzept basierte unser Programm "tagesschau“ und wurde ein voller Erfolg. Die Premiere am 3.10.04 fand für uns zum ersten Mal in einer vollkommen ausverkauften Alsdorfer Stadthalle statt.

Das Echo war überwältigend. Dieses Programm lief letztlich bis 2008 und wurde auch überregional ein großer Erfolg. Das Weihnachtsspecial 2004 reihte sich in diesen Erfolg ein und hatte zum ersten Mal einen Dialekt-Titel: „Wo sind de Bollen für d'r Baum?“ (Für Nicht-Aachener: Wo sind die Christbaumkugeln?)

Die Veranstaltung war schon Tage vorher ausverkauft und im Publikum saßen zwei Talentsucher, die mit zum entscheidenden Durchbruch ins Fernsehen beitragen sollten: Der Fernsehregisseur

Claus Schmitz und Hubert Crott, das Aachener Karnevalsdenkmal, bekannt als “Jüppchen“ aus “Josef, Jupp und Jüppchen“. Denn zwischenzeitlich hatte sich unerwartet doch noch eine Chance ergeben, ins Fernsehen zu kommen...

Ein Geschenk des Himmels: Der AKV und der Tierische Ernst

Nach dem Hin und Her in Köln hatte ich meine Fernsehpläne zunächst einmal begraben. Die Enttäuschung saß tief und ich sah im Moment auch keinen Weg. Trotzdem nahm ich im Sommer 2004 eine Bewerbungs-CD für Köln auf, die später noch von entscheidender Bedeutung sein sollte.

2004 wurde ich 40 Jahre alt. Meine Frau und ich verbanden diesen Geburtstag mit einem Hamburg-Aufenthalt, der für uns beide schöner war als eine große Feier.

Diese große Feier werde ich allerdings dieses Jahr zu meinem 50. nachholen.

Als wir aus Hamburg zurückkamen, erwartete mich ein Geburtstagsgeschenk der besonderen Art. Ein Freund hatte mir auf den Anrufbeantworter gesprochen, der ebenso altehrwürdige wie berüchtigte Aachener Karnevals Verein (AKV), also der Ausrichter der Fernsehsitzung „Wider den tierischen Ernst“, sei an mir interessiert.

Ich konnte es kaum glauben und hielt es für einen schlechten Witz, vor allem nach der Kölner Enttäuschung. Doch das Märchen sollte wahr werden.

Anfang November 2004 traf ich zum ersten Mal mit Claus Schmitz und Hubert Crott zusammen, die mir eine Rolle in der Fernsehsitzung 2005 anboten, in der Kardinal Lehmann mit dem Orden ausgezeichnet werden sollte. Ich sollte einen Alltagstypen verkörpern, der irgendwie Bezug zur Promi-Welt der Festsitzung haben sollte. Ich schlug die Rolle eines Taxifahrers vor, und genau das war im Februar 2005:

Meine erste Fernsehrolle!

Ich hatte bis zuletzt an der Realisierung gezweifelt, und so saß ich mit meiner Frau am Übertragungsabend gebannt vor dem Bildschirm. Allen Zweifeln zum Trotz hinterließ ich hier einen tollen Eindruck. Das Echo war überwältigend und über Nacht fühlte ich mich wie ein Star.

Dazu kam, dass mir ein langjähriger Freund, Hermann Sprotten, als Künstleragent auch den Weg in die Sitzungen der anderen Aachener Karnevalsvereine geebnet hatte. Ich war rundum zufrieden, die Anfragen überschlugen sich.

Was brauchte ich jetzt noch Köln, zumal ich ja ein Aachener war, als Mariadorfer freilich ein Land-Aachener.

INTERMEZZO

Der AKV – Gute Zeiten, schlechte Zeiten – die Grenzen der Amateure

Der AKV hatte 2005 längst einen legendären Ruf, so oder so.

Doch zunächst ging es nur bergauf, mein zweiter Auftritt 2006 bescherte mir "Standing Ovations" und blendende Kritiken, es sollte aber auch der letzte Auftritt ohne Probleme sein. Wie der AKV mit den Leuten umging, sah ich 2006, als man sich Hals über Kopf von Claus Schmitz trennte, der jahrelang dem AKV Riesenerfolge in den Fernsehsitzungen bescherte.

2007 erlebte der AKV ein Desaster bei der Live-Übertragung der Ordensverleihung. Die Sendung war mit Schleichwerbung überfrachtet und insgesamt nicht gut gemacht.

Der Erfolg hat viele Väter, der Misserfolg sucht Opfer. In diesem Fall schoss man den Präsidenten ab und seinen Co-Moderator gleich mit. Der Nachfolger war ein erfolgreicher Geschäftsmann und vom Karneval völlig unbeleckt. Er sollte Sponsoren heranschaffen. Mir trug man die Co-Moderation an, was mich mächtig stolz machte. Zusätzlich sollte ich an der Rede für die neue "Ritterin" mitwirken. Ich hatte das Gefühl, nach Hollywood eingeladen zu werden. Aber auch Hollywood hat ja bekanntlich seine Schattenseiten und die sollte ich kennenlernen.

Zunächst lief meine Co-Moderation glänzend und der Saal ging mit. Als dann einer der AKV-Leute einen prominenten Gast zu früh auf die Bühne bugsierte, brach das Konzept zusammen und die Stimmung ging in den Keller. Ich traute mir zu, das mit meiner Rede zu retten, was mir aber nicht gelang. Glücklicherweise hatte Gloria von Thurn und Taxis mit meiner Rede für den AKV den Karren mit aus dem Dreck gezogen und ganz Aachen lag ihr zu Füßen.

Ich fuhr mit einem völlig beschissenen Gefühl nach Hause und hatte wieder einmal reichlich Lehrgeld bezahlt. So war ich erst einmal kuriert. Ich lehnte für 2009 die Co-Moderation ab und sagte lediglich eine Rede und einen Rittersketch zu, die auch beide sehr gut ankamen.

Doch die Konzeptänderung, die der AKV nun vornahm, schadete letztlich auch mir, weil die Einschaltquoten nicht den Vorstellungen des WDR entsprachen. Man ging vom Konzept einer stärker am Aachener Karneval orientierten Sitzung weg und engagierte eine professionelle TV-Produktionsfirma, die sich u. a. beim Deutschen Fernsehpreis höchste Weihen verdient hatte. Das diente natürlich einer Professionalisierung, hatte aber mit Karneval eigentlich nichts mehr zu tun. Man mischte überregionale Profis mit regionalen Größen und schnitt auch meine Rede auf vier Minuten zusammen. Dafür erntete ich bestenfalls Achtungsapplaus, bekam von der Aachener Presse noch einen Seitenhieb mit und war jetzt restlos bedient.

Das darauf folgende Angebot einer Vizepräsidentschaft oder eines Programmkoordinators wirkten schon fast tragikomisch, zumal der Präsident selbst wenige Wochen später zurücktrat. Das Kapitel AKV schien jetzt endgültig beendet.

Doch es gab zum wiederholten Male eine überraschende Wende, die mich meinem eigentlichen letzten Ziel näher brachte, endlich mit dem Kabarettprogramm ins Fernsehen zu kommen. Der Mensch denkt und Gott lenkt...

Nach einem erneuten Wechsel im Vorstand des AKVs suchte der WDR nun nach einem überregional bekannten, aber aus der Region stammenden Künstler, und... da gab es fast nur mich.

Ich nahm das Angebot aber erst an, als der WDR mir dafür die Komplettaufzeichnung meines Programms „Mensch, Hausmann, wie das Leben so spielt!“ zugesichert hatte. Claus Schmitz sorgte auch hier dafür, dass das Versprechen Realität wurde. Ohne ihn wäre das Programm niemals ins Fernsehen gekommen.

Die Vorbereitungen der Fernsehsitzung liefen eigentlich harmonisch ab, doch dann traf den AKV ein Schlag, mit dem er nicht rechnen konnte, denn der neue Ritter hieß Freiherr zu Guttenberg. Unmittelbar vor der Fernsehübertragung begann die heiße Phase vor dessen Rücktritt. Da sein Bruder ihn aber würdig und gekonnt vertrat, gelang uns dennoch eine gute Fernsehsitzung, in der ich mit Fürstin Gloria einen gelungenen Sketch spielte.

Doch so ganz harmonisch sollte es nicht sein, das war offensichtlich nicht nach dem Geschmack des AKV. Mir stand wieder keine Garderobe zur Vorbereitung zur Verfügung und meiner Frau und ihrer Schwester hatte man charmanterweise den schlechtesten Platz im Saal zugewiesen. Soviel zum Thema Wertschätzung. So verließen wir nach dieser doch erfolgreichen Moderation und der darauf folgenden Aftershow-Party fluchtartig das Gelände, gönnten uns Pommes, ein leckeres Bier und blieben Mensch.

All das war jedoch harmlos im Vergleich zu dem, was uns im nächsten Jahr erwartete und zur Trennung vom AKV führen würde.

In dieser Session wurde Ritter Guido Westerwelle 50 Jahre alt, und der AKV wollte ihm einen Auftritt von mir zum Geburtstag schenken. Auf den ersten

Blick ein verlockendes Angebot, an einem Abend in der High Society der Bundeshauptstadt nach der Bundeskanzlerin eine Rede zu halten und vielleicht zu glänzen. Ich sah aber von Anfang an die Gefahr, bei einem möglichen Misserfolg vom AKV ins Abseits gestellt und zum Schuldigen deklariert zu werden.

Soweit sollte es aber gar nicht erst kommen.
Es kam noch viel besser...

Nachdem ich einen ersten Redeentwurf nach Berlin geschickt hatte, teilte mir eine Mitarbeiterin von Herrn Westerwelle mit, ich dürfe nur Lobendes über ihn sagen und meine Witze seien unangebracht. Es handelte sich dabei um harmlose Spitzen, die aber doch einen Kabarettauftritt ausmachen.

Daraufhin teilte ich der Dame mit, für bloße Lobhudelei sei ich nicht zu haben und dass ich deshalb auf den Auftritt verzichten würde. Die Dame war hocherfreut und teilte meine Entscheidung dem amtierenden AKV-Präsidenten mit. Der war aber wohl weniger erfreut, denn er bat mich auf meinem

Anrufbeantworter, meine Aussage noch einmal zu überdenken. Dabei unterlief ihm ein dummer Fehler, denn er vergaß nach seinem überaus diplomatischen Text sein Handy auszuschalten und fügte nach einer kurzen Pause, ganz undiplomatisch aber ehrlich hinzu: „Arschloch! Der Beckers, dieses Arschloch, hat die falsche Rede für Westerwelle geschrieben!“

Damit war mein Auftritt für Westerwelle erledigt. Im Nachhinein tut es mir heute noch leid, dass ich darauf hin nicht sofort die Moderation für 2012 hinwarf und die Medien informierte.

Das wäre natürlich nicht “gentleman-like“ gewesen, aber zu einem “Gentlemen's Agreement“ gehören mindestens zwei Gentlemen und hier stand ich allein auf weiter Flur.

Der Präsident hat sich sofort und mehrfach für diesen Fauxpas entschuldigt. ...die Gedanken sind frei. Ich brachte die Moderation professionell über die Bühne, hatte mich jedoch innerlich längst vom AKV gelöst.

Alles läuft über's Telefon, was nicht heißt, dass man mehr miteinander spricht. Wenn man einen anruft, spricht man entweder auf den AB oder die Mailbox. Die Leute sind so verrückt, dass jetzt eine Frau zu mir sagte: „Wissen sie, was mir bei ihnen auffällt? Sie haben dieselbe Stimme wie ihr Anrufbeantworter!" Ich entgegnete: „Wir wohnen ja auch im selben Haus!"

Das Telefon bestimmt alles. Wenn man in die Badewanne geht, sagt man vorher: „Ich nehme wohl kein Telefon mit!" Auf den Gedanken wäre man früher nicht einmal gekommen. Und wenn man dann gerade mit dem A... After-Eight das warme Wasser berührt, jeht d'r Telefon. Und davon kann sich keiner freisprechen: Die Neugierde siegt über die Vernunft. Wir klettern aus der Badewanne, laufen klatschenass und voller Schaum durch die ganze Wohnung. Rutschen vor dem Telefon aus, schnappen mit letzter Kraft den Hörer und vernehmen:

„Sie haben in einem Gewinnspiel gewonnen!"

Und hören sie mir bloß auf mit 11833, die "Helferline". Da kann ich ja nur lachen. Da sitzt immer eine

Frau aus dem Osten dran, die sich hier gar nicht kennen kann. Und so kommt es zu Problemen:

JB.: Guten Tag, ich hätt gern eine Nummer in Alsdorf.
A: Alsdorf mit A ?
JB: Ja klar, mit U hieß es ja Ulsdorf.
A: Wen suchen sie in Ulsdorf ?
JB: Schmitz.
A: Ist das ein Wort
JB: Ich bitte sie, das ist ein Doppelname. Er hieß früher itz und sie ist eine geborene Schm.
A: Schm mit sch ?
JB: Ja, wie Schei...scheibe. Aber hören sie, ich habe nicht so viel Zeit. Rufen sie mich bitte gleich zurück, aber lassen se laut klingeln, ich bin im Jarten.
A: Jarten mit j ?

Einige Monate später brachte ich auch endlich die Kraft und den Mut auf und teilte dem WDR mit, dass ich um keinen Preis die Moderation der Fernsehsitzung fortführen würde. Ich habe mich selten so befreit gefühlt.

Es war aber trotz allem schade. Der AKV hatte mir und schließlich meinem Kabarettprogramm den Eintritt ins Fernsehen ermöglicht. Ich bin und bleibe ein Fan dieser Sitzung als solche, weil ich ein Kind dieser Gegend bin und bleibe, und ich hätte gern weiterhin meinen Teil dazu beigetragen.

Ich bin deshalb den Herren Crott, Schmitz und Dieter Bischoff auf ewig dankbar und verbunden, dem echten! Aachener Karneval sowieso, wenn auch meine Wege schließlich doch weiter aus Aachen hinausführten.

Unverhofft kommt oft

Durchbruch im Kölner Karneval

Mit dem Erfolg im Aachener Karneval trat meine Abweisung im Kölner Karneval ganz in den Hintergrund. Ich hatte es ins Fernsehen geschafft, wurde in Aachen überall umjubelt, warum in die Ferne schweifen? Doch es sollte anders kommen...

Im Sommer 2005 rief meine Frau mich, während ich unter der Dusche stand: „Telefon! Festkomitee Kölner Karneval!“ Für solche Scherze war ich immer noch nicht empfänglich, obwohl die Enttäuschung schon mehr als ein Jahr zurücklag. Doch es war kein Scherz.

Am Telefon war der stellvertretender Präsident des Literarischen Komitees, der mir mitteilte, dass der damalige Präsident (der, der mich in Aachen lassen wollte) zurückgetreten sei. Dieser hat aber eine CD von mir hinterlassen und man wolle mich nun live casten. Die Bewerbungs-CD hatte ich schon fast vergessen, und nun sollte sie doch noch zum Erfolg führen?

Nach zweimaligem Casten – man hatte am Vortrag und Kostüm herumgebastelt – durfte ich an der Qualifikation für den Sartory teilnehmen, wo die neuen Spitzenakteure des Kölner Karnevals getestet wurden. Schon nach der Vorentscheidung kam Jupp Menth, der "Kölsche Schutzmann", ein lebendes Denkmal des Kölner Karnevals, zu mir und beglückwünschte mich zu meinem Vortrag. Ich fühlte mich wie auf Wolke sieben.

Im Oktober folgte dann der Auftritt im Kölner Sartory und es gab zweimal Standing Ovations: Für Marc Metzger und für mich. Wir bekamen in den nächsten Tagen zig Anfragen noch für die Session 2006, zumal mit Hans Bols, ("Et Botterblömche"), erst kurz vorher einer der besten Redner verstorben war, der nun ersetzt werden musste...

So ist das Leben...

Im Ostermann-Saal des Sartory saßen meine Frau, meine 81-jährige Mutter, meine Schwiegereltern und mein Aachener Förderer Hermann Sprotten und fieberten mit.

Noch am selben Abend bekamen wir den Express mit der Überschrift:

"Alle wollten Beckers".

Am nächsten Morgen musste ich mich erst kneifen, um festzustellen, ob das alles Realität war, doch das erkannte ich schnell, da auf dem Anrufbeantworter um zehn Uhr schon 20 Anfragen eingelaufen waren. Es sollten über 100 werden.

Für die Session 2006 hatte ich ca. 130 Auftritte und auch hier galt:

"Aller Anfang ist schwer"!

Der Kölner Karneval: Die Champions-League

Schon im November 2005 absolvierte ich einige kleinere Auftritte im Kölner Karneval und stellte schnell fest: Hier wehte ein anderer Wind. Bei aller Begeisterung konnte man doch feststellen, dass man dem „Immi“ (Einwanderer) aus Aachen durchaus skeptisch gegenüberstand. Das galt für meine Sprache, meinen langsamen Erzählstil und auch meine eher ruhige und zurückhaltende Art, die nicht sofort überall “Echte Fründe“ vermutete.

Vor Beginn der Session fuhren wir in den Winterurlaub nach Berchtesgaden, wo mich der nächste Hammer treffen sollte. Der Vizepräsident des Festkomitees teilte mir mit, dass ich für die ZDF-Mädchensitzung nominiert sei, bei der jedes Jahr um die sechs Millionen Zuschauer vor den Bildschirmen sitzen. Ich machte einen Luftsprung und warf mein Handy in die Luft. Als dann die Session begann, war ich noch vor meinem Handy auf dem Boden.

Ich trat bei einem Regimentsappell der Roten Funken im Maritim auf, obwohl mir alle versicherten, dass man als Büttenredner bei solchen Anlässen einfach nicht auftreten dürfe. Ich hatte null Resonanz, ich war fassungslos...

Bei den anderen Auftritten in den großen Sälen kam ich gut bis sehr gut an, merkte aber auch, dass hier die Trauben höher hingen und man bei einem Publikum, das alles gesehen hatte und kannte (oder zu kennen glaubte) keine Vorschusslorbeeren zu erwarten hatte. Doch der Auftritt bei der ZDF-Mädchensitzung wurde ein durchschlagender Erfolg: stehende Ovationen, Zugabe und eine Gratulation vom zuständigen ZDF-Redakteur. Ich war so überwältigt, dass ich mich auf der Rückfahrt nach Aachen gründlich verfranzte: Ein Navi hatte ich noch nicht.

Gekrönt wurde die Session durch einen glanzvollen Auftritt als Jockey bei der AKV-Fernsehsitzung. Die Aachener Zeitung betitelte einen Bericht über mich mit der Überschrift:

“Der Star“

Mir wurde mulmig, denn ich wusste, dass dies nicht nur den Neid der Götter erweckte.

Zwischentief: Skepsis und Durchbeißen

Schon in der Session 2006 hatte ich erste kritische Töne aus Aachen vermerkt, wo man den Durchbruch in Köln durchaus auch als Verrat sah, obwohl ich treu zu meiner Region stand und auf Auftritten hier beharrte, was man wiederum in Köln nicht verstand. Auch Neid spielte natürlich eine große Rolle und es wäre ja auch leicht für einen Künstler zu sagen, er werde nie in Köln auftreten, wenn ihn dort auch keiner fragte.

Im Kölner Karneval gilt der Grundsatz:
"Das zweite Jahr ist das wichtigste"!

Das ist ähnlich wie bei einem Bundesliga-Aufsteiger. Schon im Sommer zeigten sich erste Anzeichen einer schwierigen Session, als ich beim Casting des Literarischen Komitees zweimal nachbessern musste. Zwar bekam ich bei der erneuten Vorstellung im Sartory wieder Standing Ovations, merkte aber, dass Marc Metzger, der "Blötschkopp", deutlich mehr Akzeptanz erfuhr und auch in Köln schon ganz anders verwurzelt war. Ich denke, hier stand mir meine zurückhaltende Art im Weg.

Einen richtigen Dämpfer bekam ich bei der Aufzeichnung von "Karnevalissimo" im November 2006, wo man mich als vorletzten Redner aufgestellt hatte. Die Teilnahme an dieser Veranstaltung waren Vorschusslorbeeren, die mir große Probleme bereiten sollten. Hinzu kam, dass mich auf der Hinfahrt zum Fernsehstudio mein Schuldirektor anrief und fragte, ob ich kündigen wolle. Man habe am Nachmittag ein Vorstellungsgespräch mit einem möglichen Nachfolger als Lehrer. Ich sah den Boden unter den Füßen entgleiten.

Bei meinem Auftritt bei "Karnevalissimo" hatte ich größte Probleme und bekam die Rede gerade so über die Bühne. Gut, der Saal war schwierig und alle Akteure hatten Probleme, aber für mich, den man so hoch eingeschätzt hatte, war das eine herbe Enttäuschung, auch wenn man das bei der geschnittenen Fernsehfassung als Zuschauer gar nicht mitbekam.

Das war schon anders bei meinem Auftritt bei der berüchtigten Prinzenproklamation, die Redner gerne meiden. Obwohl mein Vortrag äußerst präzise vorbereitet war und auch viele Pointen enthielt, ließ man mich am Anfang (bewusst?) absaufen, sicher auch, um mir meine Grenzen als Aachener Einwanderer deutlich zu machen.

Letztlich war die Rede doch ein Erfolg, aber ich spürte, dass es eine schwere zweite Session werden würde. Das galt auch für die Säle, wo man nun nicht mehr gnädig dem Nachwuchskünstler verzieh, sondern gute Leistung sehen wollte, für die es ja auch “Gutes Geld“ gab. Insgesamt schaffte ich es, mich erfolgreich durch die Session zu beißen, merkte aber auch, dass ich an meine physischen und psychischen Grenzen stieß und für Köln nachbessern musste.

Sommer 2007: Abschied von "tagesschau" und Neuanfang in Köln

Witze zählen statt erzählen

Im Laufe des Jahres 2007 merkte ich, dass die Auftrittszahl zu hoch war und ich vor allem auch neue Dinge schreiben musste.

Zwischendurch hatten wir privat für uns die Entscheidung getroffen, dass meine Frau nach ihrem Referendariat mein Management übernehmen sollte statt in den Schuldienst zu gehen. Bis Anfang 2008 sollte sie mit meinem Manager gemeinsam die Geschäfte führen, um den laufenden Betrieb danach ganz zu übernehmen. Eine weitreichende, aber letztlich richtige Entscheidung.

In den Sommerferien 2007 fand ich auch endlich wieder Kraft und Muße, meinen Auftritten neue Impulse zu geben. Das Programm "tagesschau" sollte im Jahr 2007 nach drei Jahren in einer Abschiedstournee auslaufen, die im Sommer im Brückenkopfpark Jülich Open Air begann. Hier arbeiteten wir mit einer professionellen Konzertagentur zusammen und aus der langjährigen, nur anfänglich von Skepsis geprägten Zusammenarbeit, hat sich inzwischen eine Freundschaft entwickelt. Der Beginn in Jülich und die folgende Tournee wurden ein voller Erfolg und ließen für das kommende Jahr und das neue Programm einiges erwarten...

Gleichzeitig ging ich mit einem neuen Konzept in meine Büttenreden-Vorbereitungen, weil man mir mehrfach geraten hatte, vom langsamen Erzählstil Abstand zu nehmen, weil er den Erwartungen des Karnevalspublikums und dem Schlag auf Schlag-Ablauf einer Kölner Karnevalssitzung nicht entsprach. Zum ersten Mal nach 32 Jahren begann ich, in einer Büttenrede die Pointen zu zählen und möglichst schnell hintereinander zu bringen. Zudem probierte ich die Pointen vorher einzeln in meinen Kabarettauftritten aus, um nicht zu sehr ins kalte Wasser zu springen. Die Rechnung ging auf. Sowohl beim für mich letzten Auftritt beim Literarischen Komitee als auch beim ersten Auftritt für den

Stammtisch Kölner Karnevalisten, dem ich seit Frühjahr angehörte, gab es Standing Ovations. Auch bei der folgenden Karnevalssession 2007/2008 hatte ich den endgültigen Durchbruch in Köln geschafft, wenn auch Redner wie Cantz, Pauels und nicht zuletzt Marc Metzger noch Längen vor mir lagen.

Willibert Pauels, der "Bergische Jung", Diakon und Büttenclown, war auf dem Höhepunkt seines Erfolges. Er ließ mich dankenswerterweise daran teilhaben, indem er mir Kurzauftritte in seinen Kabarettprogrammen ermöglichte. Aus diesen Auftritten ist eine enge Freundschaft mit ihm und seinem Fahrer entstanden, der heute mein Manager ist.

Dass ich es in Köln geschafft hatte, war ein Traum für mich. Auch einem Kreis wie dem Stammtisch Kölner Karnevalisten anzugehören, zu dem Leute wie Günter Eilemann, Hans Hachenberg, Peter Raddatz und Hans Süper zählen, gilt für mich als große Auszeichnung.

So ging das Jahr 2007 erfolgreich zu Ende, in dem

wir – so ganz nebenbei – noch unser Traumhaus in Alsdorf gebaut hatten.

Nun durften wir Weihnachten und Sylvester in den eigenen vier Wänden feiern.

Schöpferische Pause und ein Buch: "Spül' mir das Lied vom Tod!"

Für das Jahr 2008 hatten wir uns vorgenommen, durch eine Auftrittspause von einem halben Jahr in unserer Region Tempo rauszunehmen, uns rarer zu machen und über neue Wege beim Kabarett nachzudenken. Ziel war, das Programm doch schließlich irgendwann ins Fernsehen zu bringen.

Ich entschloss mich, meine alten Kontakte zum Regisseur Claus Schmitz zu nutzen und mit ihm das neue Programm von Anfang an zu gestalten. Als Titel wählte ich „Mensch, Hausmann, wie das Leben so spielt!“. Und genau mit diesem Programm sollten wir die erste Fernsehaufzeichnung erleben, aber bis dahin sollte es noch drei lange Jahre dauern.

Parallel planten wir eine Tournee mit der Mayerschen Buchhandlung aus Aachen, die uns über die Grenzen hinaus bekannt machen sollte. Bei einer Vorbesprechung gab man mir, mehr flapsig als ernst gemeint, den Rat: „Schreiben sie doch ein Buch, das können sie dann auf der Tournee verkaufen“. Ich hielt das zunächst für einen Witz, zumal ich als eifriger und passionierter Leser wusste, was dazu gehört, ein Buch zu schreiben. Vor Selbstüberschätzung war ich durchaus nicht immer gefeit, aber für einen Schriftsteller hielt ich mich nun wirklich nicht.

Dennoch ließ mich der Gedanke nicht mehr los und außerdem war ja auch der Zeitpunkt, bedingt durch die halbjährige Pause, durchaus günstig. Im Frühjahr und im Sommerurlaub studierte ich eifrig die Werke der Comedy-Kollegen, um Anregungen und Vorbilder kennenzulernen und dabei selbst eine Richtung zu finden. Um es gleich vorweg zu sagen: Es war viel schwieriger, als ich es mir vorgestellt hatte. Aber, wie so oft, kam mir die Erleuchtung beim morgendlichen Joggen: Zunächst fiel mir der Titel ein, der genau auf Hausmann und Haushalt passte: “Spül’ mir das Lied vom Tod!“ in Abwandlung von Ennio Morricones Westernklassiker. Inhaltlich befasste sich das Buch mit Männern im Haushalt und wird garniert durch Szenen aus meinen Programmen und Karikaturen eines ehemaligen HGG-Schülers, Thomas Karenfort.

Das Buch wurde ein großer Erfolg, über 5.000 verkaufte Exemplare und inzwischen in der 3. Auflage, damit hatten wir nicht gerechnet. Das Buch wird von allen Generationen gerne genommen und gehört bis heute zu den Dauerbrennern an unserem Medienstand, der bei jeder Kabarett-Vorstellung aufgebaut ist. Eine Ermutigung, es diesmal mit einer Art Autobiographie mit Kabarett–Bonbons zu versuchen.

Der Weg ins Fernsehen – Hausmann bundesweit

Mensch, Hausmann und „D'r Jung wird 10"

Die schöpferische Pause, die ja eigentlich gar keine gewesen war, endete im Oktober 2008 mit einer glanzvollen Premiere von "Mensch, Hausmann, wie das Leben so spielt", in der Alsdorfer Stadthalle. Claus Schmitz gab den Programmen den entsprechenden Schliff, Choreographie und vor allem die darstellerische Professionalität, um das Programm ans Fernsehen heranzuführen.

Wir dehnten uns überregional immer mehr aus, auch wenn hier Ort für Ort erkämpft und überzeugt werden musste. Durch die Vermittlung von Claus Schmitz kamen wir zumindest schon einmal mit Kurzauftritten in Fernsehsendungen, wie in "So lacht NRW" mit Bernd Stelter.

So feierten Harald Claßen und ich 2009 zehnjähriges Jubiläum mit dem Programm “D’r Jung wird 10“. Es war ein erfreulicher Rückblick. Wir waren in diesen zehn Jahren von Mariadorf aus in viele Regionen vorgestoßen (um Neues Leben und Neue Zivilisationen zu erforschen...).

Es fehlte aber noch der entscheidende Durchbruch, einige Vorstöße beim Fernsehen waren immer wieder abgeblockt worden. Erzwingen ließ es sich nicht, das hatten wir ja schon bereits mehrfach erfahren. Doch wir waren auch so vollauf zufrieden und dachten ganz rheinisch: Et kütt, wie et kütt ...

Aber das galt zunächst vor allem aber für den privaten Bereich ...

INTERMEZZO

2009 und 2010: Jedes Jahr ein Kind – Marie und Lukas

2009 waren Sandra und ich fünf Jahre verheiratet und wie (fast) jedes Ehepaar wünschten wir uns Kinder.

Das wollte allerdings nicht klappen und meine Frau hegte schon größte Befürchtungen, das vorgesehene Kinderzimmer würde für immer leer bleiben. Wir ließen uns auch beide ärztlich untersuchen, doch noch bevor ich das Ergebnis meiner Untersuchung hatte, teilte meine Frau mir unter Freudentränen mit: „Du wirst Vater!“ Wir und die ganze Familie waren überwältigt. Als wir wussten, dass es ein Mädchen werden würde, hatten wir relativ schnell den Namen parat: Marie, als Erinnerung an unsere beiden Großmütter, die Maria geheißen hatten.

Die Zeit der Schwangerschaftsvorbereitung war auch für mich als Vater spannend und unvergessen und ihre komischen Züge (Vornamen des Kindes bauchtanzen) flossen auch in meine Programme ein. Das ausgerechnete Geburtsdatum war typisch für Eltern, die überzeugte Karnevalisten und sechs Jahre zuvor Prinzenpaar gewesen waren: 11. (!) Februar, mitten in der Karnevalssession. Ganz Aachen, Köln und Düsseldorf fieberten mit und die Zeitungen und der WDR hofften auf eine “Homestory“. Man schickte mir sogar ein Fernsehteam mit, in der Hoffnung, dass ich zwischen den Auftritten in den Kreißsaal abberufen würde und man live dabei sein könnte.

Doch unser Mariechen ließ sich nicht aus der Ruhe bringen. Sie kam seelenruhig genau zum ausgerechneten Termin auf die Welt und wir waren überglücklich. Was nun kam, hatten wir zumindest so nicht erwartet: Ein Sturm an Glückwünschen und Geschenken. Wir waren oft fassungslos und gerührt, wie z.B. der nordrheinwestfälische Ministerpräsident Jürgen Rüttgers uns persönlich in einem Brief gratulierte. Nach knapp vier Wochen sind wir dann für einige Tage nach Trier geflohen, um mit dem Säugling einmal durchzuatmen und unser Glück fassen zu können.

Für mich hatte die Geburt meiner Tochter noch einen positiven Nebenaspekt: Ich ging in Elternzeit und konnte so die vorher abgelehnte Beurlaubung durchsetzen. Ab Februar 2009 war ich nach 15 Jahren HGG jetzt Kabarettist und Vater, also "Hausmann" und Hausmann. Und ich kann sagen: Es war (und ist) herrlich! Es gab einige Rollen in meinem

Leben, die ich nicht so gerne bekleidet habe, z.B. Student und Junggeselle, aber Hausmann – Dat isset!!!

Ich bin Ehemann und Vater aus tiefstem Herzen und gewann auch zunehmend Spaß am Kochen (vor allem natürlich Hausmannskost).

Doch ein Töchterchen ist für einen Vater der Himmel auf Erden, es waren und sind unvergessliche Momente, sie im Arm zu halten, neben ihr zu schlafen und ihre Fortschritte zu sehen. Muttertag 2010 machte sie uns ein besonderes Geschenk: Es war der erste Tag, an dem Marie laufen konnte.

Auch für mich gab's eine Premiere: Mein erster Kuchen gelang, ein Käsekuchen. Ich stand in ständigem Telefonkontakt zu meiner Mutter, die mir Ratschläge gab und mitfieberte.

Die ersten Urlaube und natürlich das erste Weihnachtsfest mit Marie waren voller Zauber. Der Karneval war ihr ja schon in die Wiege gelegt worden und das sollte sich auch später noch des Öfteren zeigen.

Die Karnevalssession 2010 sollte jedoch eine Überraschung bereithalten, mit der wir absolut nicht gerechnet hatten. Ich war von Anfang an davon ausgegangen, mit zeitlichem Abstand wieder mit halber Stelle in den Schuldienst zurückzukehren, an Aufhören hatte ich überhaupt nicht gedacht, Karneval und Kabarett empfand ich weiterhin als meine geliebte Nebentätigkeit.

So wollte ich es weiterhin halten, als meine Frau mir an einem Freitagmorgen – wieder mitten in der Karnevalssession – eröffnete: „Ich bin wieder schwanger!" Sie war schon ihrem Frauenarzt um den Hals gefallen, ich tat bei ihr nun dasselbe. Keine Zweifel, keine Angst, nur Freude, zumal sich dann kurze Zeit später herausstellte, dass wir zu Marie nun einen Lukas bekommen sollten. D'r Papa und ene Jung, was will man mehr?!

Die Schwangerschaft spielte sich im Sommer 2010 in brütender Hitze ab, und ich sehe meine Frau heute noch mit dickem Schwangerschaftsbauch im Kinderschwimmbecken sitzen. Lukas hatte schon im Mutterleib angezeigt, dass er „ene richtije Jung" werden sollte. Er trat, randalierte und signalisierte:

„Ich will raus!" und er setzte sich auch hier schon durch: Er kam am 1. August 2010 in einer Blitzgeburt einige Tage zu früh und war, zu unserer völligen Überraschung, hellblond. Ich musste schon weit in unserer Familienchronik zurückgehen, um einige ähnlich blonde Exemplare ausfindig zu machen.

Bei beiden Geburten war die erfahrene und kurz vor der Pension stehende Hanna Kästner eine fachkundige, fürsorgliche und mütterliche Begleiterin.

Meine Kinder Marie und Lukas

Mit Lukas kam Leben in die Bude, er war lauter und ungeduldiger, aber keineswegs weniger herzlich als Marie. Und er wollte vor allen Dingen “Der Bestimmer“ sein, was im Leben ja bisweilen für Unruhe sorgt.

Für mich hatte seine Geburt eine einschneidende Konsequenz: Ich verlängerte die Elternzeit und kehrte, abgesehen von einer Schwangerschaftsvertretung, nicht mehr in den Schuldienst zurück. Stattdessen bekam ich zumindest tagsüber die früheste Kindheit und das Heranwachsen meiner Kinder hautnah mit. Welch ein Privileg!

Marie macht ihrem Namen alle Ehre, sie ist nämlich schon seit 2011 Tanzmariechen in der Alsdorfer Funkengarde, dem Verein, in dem auch einst ihre Mutter Sandra als kleines Mädchen tanzte. Lukas hingegen ist ein passionierter Eisenbahnfan, dem seine Thomas-Loks über alles gehen.

Jetzt, da ich diese Zeilen schreibe, ist Marie seit einigen Tagen Schulkind, sie wurde auf ihren eigenen dringlichen Wunsch schon mit fünf eingeschult und beschloss schon am ersten Schultag: Da gehe ich morgen wieder hin! Gott sei Dank! Lukas ist im Kindergarten und auch nach einem “12-Stunden-Tag“ nicht müde und immer noch aktiv.

Wir mögen im Leben einiges falsch und einiges richtig gemacht haben, aber unsere Kinder sind das Beste, was wir geleistet haben. Ein Lächeln, ein Kuscheln oder eine Berührung zählen mehr als jeder große Auftrittserfolg, so schön der auch ist.

Und die größten Auftrittserfolge sollten erst noch kommen...

Geschafft: Das Kabarett kommt ins Fernsehen

Fast parallel zu Lukas’ Geburt gelang mir der endgültige Durchbruch mit dem Kabarett ins Fernsehen: Der WDR sagte mir als Gegenleistung für die Moderation des tierischen Ernstes die Aufzeichnung meines Programms “Mensch, Hausmann, wie das Leben so spielt!“ in Alsdorf zu. Im Sommer 2011 war es dann soweit, der WDR erschien mit Übertragungswagen vor der Alsdorfer Stadthalle, es war unglaublich.

Die Aufzeichnung dauerte zwei Tage und das gesamte WDR-Team hatte zusätzlich auch Spaß an der Freud. Diese steigerte sich für uns ins Unermessliche, als wir erfuhren, dass wir bei der Ausstrahlung am 05.09.2011 eine unglaubliche Quote von über 11 Prozent erzielt hatten. Der WDR wiederholte dieses Programm noch etliche Male, jedes Mal mit sehr guten Quoten. Inzwischen hat auch der SWR das Programm ausgestrahlt – mit ähnlichem Erfolg.

Ein besondere “Highlight“ war für mich dabei, dass meine 84 jährige Mutter den Erfolg in der Alsdorfer Stadthalle und am Bildschirm live miterlebte. Sie hatte neben meiner Frau am meisten zu diesem Lebenserfolg beigetragen.

Zwischenbetrachtung: Triumph und Trauer – Am Ziel und Tod der Mutter

Es war tatsächlich gelungen: Das Kabarettprogramm war ins Fernsehen gekommen, darunter viele Szenen aus den ersten Programmen wie Kommelion, Jugend, Ehe, um nur einige zu nennen. Es hatte sich gelohnt, den eigenen Stil beizubehalten und sich nicht verbiegen zu lassen. Aber es hatte trotz allem 12 Jahre gedauert und ohne Claus Schmitz' Glauben an uns und seine Beharrlichkeit wäre dieser Erfolg nicht möglich gewesen. Gemeinsam mit Harald Claßen stand ich jetzt 12 Jahre auf der Bühne, das Zusammenspiel mit ihm war und ist perfekt und Harry ist als Musiker wie als Mensch unersetzbar.

Es ist im Leben so: Eine Zeit beginnt, eine andere endet...

Meine Mutter war 84 Jahre alt, und sie erfreute sich trotz aller Schicksalsschläge einer erstaunlichen Gesundheit und ihrer beiden kleinen Enkel Marie und Lukas. Dann spürte sie aber lange vor uns, die wir es nicht wahrhaben wollten, dass ihre Kräfte schwanden. Sie sprach nun häufiger vom Tod, was ich immer weit von mir wies. Wir waren gemeinsam durch dick und dünn, vor allem aber durch dünn, gegangen. Sie hatte 2000 noch einmal ein neues Leben in Baesweiler angefangen und mit ihrer Freundin Thea zahlreiche Kabarettauftritte mitverfolgt. Wir amüsierten uns immer über die ältesten Groupies der Welt, wenn wir nachher bei Bier und Fritten zusammen saßen.

Meine Mutter blieb eine heitere, wenn auch melancholische Frau, die die Verluste der Kindheit nie ganz überwunden hat. Ich besuchte sie jeden Tag zuhause und besuche auch jetzt jeden Tag ihr Grab. Sie ist für mich so lebendig wie zu Lebzeiten.

Dabei hilft mir mein Glaube, den ich seit meiner Kindheit durch meine Mutter, meinen Bruder und meine Erziehung am Heilig-Geist-Gymnasium bekommen habe und der mir in den schwersten Stunden meines Lebens stets geholfen hat. Ich bin fest in der Kirche verankert und besuche regelmäßig die Gottesdienste oder bete still an einer Marienkapelle. Auch für mich treffen die Sätze zu, die meine Mutter für ihren Totenspruch ausgewählt hatte. Sie stammen aus dem Text: "Spuren im Sand":

- In den schlimmsten Situationen habe ich dich getragen... -

So empfinde auch ich.

Viele Köche verderben (fast) den Brei – die zweite Fernsehaufzeichnung

Die zweite Fernsehaufzeichnung im August 2012 war schon fast eine Selbstverständlichkeit, wobei ich trotz aller Probleme eine weitere Moderation für den AKV zugesichert hatte. Doch nun entwickelte man den Ehrgeiz, den Hausmann neu zu erfinden. Erst einmal sollte ich nun als Jürgen Beckers firmieren, was wir seit 14 Jahren vermieden hatten, um nicht mit Jürgen Becker verwechselt zu werden. Wir wollten uns ja nicht mit fremden Lorbeeren schmücken. Man bastelte am Bühnenbild herum und schließlich am Text, wogegen ich besonders allergisch war.

Die Proben wurden immer schwieriger, da Claus Schmitz zwischen den Stühlen saß und nun permanent Änderungen einforderte. Als Krönung bastelten wir in den letzten Tagen vor der Aufzeichnung noch herum und schufen einen Anfang, der befremdlich und nicht wie "Hausmann" wirkte. Als die Redakteurin dann, trotz einer gelungenen Aufzeichnung, am ersten Tag sagte, man müsse wieder völlig neu beginnen, war mein Widerstand geweckt, und ich spielte weitestgehend so, wie ich es für richtig hielt.

Es gab auch am Ende der Aufzeichnung keine so gelöste Feier wie beim ersten Mal, denn irgendwie wirkten alle genervt. Die Fernsehausstrahlung erzielte wieder eine sehr gute Quote, wenn sie auch nicht an "Mensch, Hausmann..." heranreichte. Unser Stammpublikum bemängelte einige untypische Szenen und mahnte uns zu Recht, unseren Stil beizubehalten.

Nach einem Urlaub fasste ich mir ein Herz und führte mit dem Unterhaltungschef des WDR ein klärendes Gespräch, in dem ich all diese Punkte ansprach und zugleich die AKV-Moderation niederlegte.

Ich habe mich selten in meinem Leben so befreit gefühlt. Ich konnte nicht nur wieder in den Spiegel schauen, ich hätte mein Spiegelbild am liebsten geküsst.

Weihnachts- und Osterspecial – Der Hausmannstil setzt sich durch

Nach zwei Standardprogrammen bekundete der WDR auch Interesse an meinen “Specials“, von denen ich im Laufe der Jahre etliche geschrieben hatte, ob sie nun Weihnachten, Ostern, Pfingsten,

Feiertage oder den Sommer zum Thema hatten. Diese Specials hatten immer die Standardprogramme ergänzt und für eine große Vielfalt der Programme gesorgt. Wir bekamen einen der erfahrensten und namhaftesten Redakteure des deutschen Fernsehens an unsere Seite, der u.a. Blacky Fuchsbergers "Auf los geht's los" geführt hatte. Ich war sehr stolz.

Wir verlegten den Aufzeichnungsort von Alsdorf in die Arena Kreis Düren, die 2200 Zuschauer fasst und die bei unseren Programmen mehrmals im Jahr ausverkauft ist. Die Stimmung bei einer so großen Zuschauerzahl ist natürlich unvergleichlich.

Das Team wuchs in seiner neuen Konstellation schnell zusammen, und die Probenarbeit mit Claus Schmitz lief wieder so ab, wie ich es in all den Jahren gewohnt war. Die Aufzeichnung selbst war ein großes Event, die Zuschauer in der Düren-Arena brachten die Halle zum Kochen, gerade als ich meinen Weihnachts-Klassiker präsentierte und den Christbaum als Chris Boom zum Ehrensenator ernannte. Die Zuschauerquote der TV-Ausstrahlung eine Woche vor Weihnachten und am Heiligen Abend (!) übertraf alle Erwartungen und war wieder zweistellig.

Mit diesem Erfolg im Rücken machten wir uns an das Osterspecial, das im April 2014 dann wieder in der Alsdorfer Stadthalle aufgezeichnet werden sollte.

Nach einer anstrengenden Karnevalssession war die gesamte Arbeit an dem Programm: "Eijeijei" allerdings überschattet von privaten Problemen, die die Arbeit deutlich erschwerten. Ohne die großartige Unterstützung von Claus Schmitz, auch beim Schreiben, hätten wir die Arbeit wahrscheinlich einstellen müssen.

Er hatte auch die Idee, einige Kinder, darunter auch die von Harald Claßen und meine eigenen Kinder, als Osterhasen über die Bühne hoppeln zu lassen. Diese Idee erwies sich schon bei Generalprobe in der Düren-Arena als Volltreffer, was sich bei der wunderschönen Aufzeichnung in der Alsdorfer Stadthalle bestätigte.

Eine wieder überragende Einschaltquote setzte dieser ausgezeichneten Arbeit den berühmten i-Punkt auf, wurde allerdings mehr und mehr stark durch die privaten Probleme getrübt.

Ausblick: Wie jeht et? - Et jeht.

So stehe ich heute kurz vor meinem 50. Geburtstag, bin seit fast vierzig Jahren Büttenredner, seit 20 Jahren Lehrer (wenn auch im Moment beurlaubt) und seit 15 Jahren Kabarettist oder "Comedian", wie man heute so sagt.

Im nächsten Jahr startet mein neues Soloprogramm: "Wie jeht et? - Et jeht!", das Alltagsweisheiten und Banalitäten beinhaltet wie: "Man sieht sich im Leben immer zweimal!", "Man guckt den Leuten nur vor den Kopp!", "Wo nix ist, da wohnt keiner!", "An den Kindern sieht man, wie alt man wird!", um mal so einen kleinen Ausblick zu geben. Jeder von Ihnen könnte diese Reihe wohl beliebig fortsetzen. Das Programm startet im Frühjahr 2015 mit Vorpremieren und im September 2015 mit der Premiere in der Alsdorfer Stadthalle.

Bis dahin werde ich das aktuelle Erfolgsprogramm “Isch glaub et disch!“ zu Ende spielen und die neunte Session im Kölner Karneval bestreiten.

Ich freue mich auf diese Aufgaben und bin mir der Verpflichtung dieses Erfolgs durchaus bewusst.

Als nächstes wird erst einmal mein fünfzigster Geburtstag groß gefeiert. Vier Tage vor dem eigentlichen Tag, am 25.10.2014 in Form einer Art Wunschkonzert in der Alsdorfer Stadthalle, wo sich die Zuschauer durch Zuruf ihre Lieblingsszenen wünschen können. Am Tag selbst, dem 29.10.2014, mit einer großen Feier im Kreise von Familie und Freunden.

Doch vorher, dieses Jahr in den Herbstferien, erfüllen wir uns einen lang gehegten Wunsch: Eine ganz richtige Kreuzfahrt mit einem ganz richtigen Traumschiff.

Im Programm bin ich abba schon lange mit einem Traumschiff unterwegs:

Reisen: Traumschiff

Meine Frau und ich haben uns schon immer eine Fahrt mit dem Traumschiff gewünscht. Weil wir uns das aber nicht leisten konnten, haben wir das Traumschiff immer zuhause nachgespielt. Wenn die Sendung sonntags abends im Fernsehen kam, hat meine Frau ihr Cocktailkleid angezogen und ich mein Dinnerjacket, und wir haben dann im Wohnzimmer "Captains Dinner" gespielt:

„Guten Abend, herzlich willkommen an Bord der MS Europa, haben sie vielleicht einen Weinwunsch?"

„Ich hätte gern einen Chateauneuf du Pape."

„Das tut mir leid, d'r Pap' ist vorijes Jahr jestorben!"

„Haben sie denn keinen Wein, der zu meinem Typ passt?"

„Kröver Nacktarsch ist aus! Darf ich ihnen denn etwas zu essen empfehlen, vielleicht eine Dorade?!“

„Nein danke, ich ess lieber Fisch!“

Aber trotz dieser Missverständnisse fühlten wir uns immer als tanzten wir an Bord der MS Europa in den Himmel hinein:

Ein (Traum-) Schiff wird kommen

Ein Schiff wird kommen, bei mich hier in der Fernseh‘,
dat ich so furchtbar jern seh,
da in et ZDF.

Ein Schiff wird kommen und meinen Traum erfüllen,
wo ich in zarten Thüllen,
dann nur auf Promis treff‘.

Und das stimmt wirklich: Auf dem Traumschiff waren und sind alle Promis, mit einer Ausnahme: Johannes Heesters. Er hat sich bis zum Schluss geweigert. Man hat ihn immer wieder gefragt und gebeten:

„Herr Heesters, kommen sie doch mal aufs Traumschiff, warum kommen sie denn nicht?" Da hat Jopie geantwortet: „Ich bin so froh, dass ich lebend von der Titanic runtergekommen bin..."

Der erste Traumschiff – Kapitän war Heinz Weiss, das ist der, der in den Fünfziger Jahren zu Fuß aus Russland nach Haus gekommen ist: „Soweit die Füße tragen!" Deshalb hat er auch gesagt: „Wenn ich jemals noch mal eine Fernsehserie drehe, nix mehr, wo ich zu Fuß gehen muss." Sascha Hehn ist jetzt Kapitän und Heide Keller fährt noch immer mit, sie ist so eine Art Mutter der Nation auf See, eine Amphibien-Meysel. Aber irgendwann hat meine Frau gesagt:

„Ich möchte jetzt auch mal richtig mit dem Traumschiff fahren"

Diesen Wunsch habe ich ihr voriges Jahr erfüllt. Wir sind mit dem Traumschiff gefahren und hatten eine wunderbare Route: Von Königswinter nach Unkel mit Landgang in Bad Honnef. Meine Frau war etwas enttäuscht. Sie sagte:

„Das hätte ich mir aber anders vorgestellt!"
Ich sach: „Nächstes Jahr fahren wir bis Linz!"

Ja, ich bin kein Typ für Fernreisen, ich flieg auch nicht gern. Ich hab Flugangst.

Wir sind einmal geflogen, da kam ich kreidebleich in den Düsseldorfer Flughafen rein. Eine Stewardestin sagte:

„Sie sehen aber schlecht aus, haben sie schon eingecheckt?"
Ich sachte: „Allerdings, zweimal zuhaus und einmal hier ganz dünn!"

Ich find immer, am schönsten is et mit d´r Bus. Mit d'r Bus is et auch ejal, wohin man fährt, man muss nur mit die Richtijen fahren. Wenn man mit de Richtijen fährt, is et auf de Autobahn schon ejal, ob man nach Kevelaer fährt oder nach Hönningen. In Kevelaer hat man de Kerzen an, in Hönningen de Lampen. Die Stimmung in so nem Bus ist immer abhängig von den Männern, die zuhause vorgeglüht haben. Die springen dann nach zehn Kilometern im Bus auf und sagen: „Sssoll ischene Witz erzählen?“

Die Frauen sagen dann immer dieselben zwei vergeblichen Sätze:

„Josef, setz dich!“ und „Josef, ess mal was!“
„Dat bisschen, wat ich ess, kann ich auch trinken!“

So ist es ja auch immer auf den Weihnachtsmärkten: Wir Männer kommen nach drei Glühwein vom Klo zurück und sagen:

„Jetz bleimer noch e Schündchen!“

Dann sagen die Frauen: „Nein, Josef, wir gehen, du hast schon die Adventshose an. Du has e Türchen auf!“

Geld, Karten und Computer… Jedem seine Nummer

Alles, was heutzutage nicht über Telefon geht, geht über den Computer. Es gibt im Internet keine Adresse für kein Problem, die es nicht gibt.

Gegen Verstopfung:
www.festedrückenalleintutetnit.de

oder Urologenwandergruppe:
www.prostata-tata.de.

Dabei hatte ich ja gar keine Ahnung vom Computer. Wenn ich anfangs mit der Maus gearbeitet habe, habe ich die Katze weggesperrt. Aber heute kann ich es und ich kann sogar Blödsinn damit machen. Ich lass dann das CD-Laufwerk auffahren, leg eine Scheibe Schinkenwurst ein, lass wieder zufahren, ruf meine Frau, lass auffahren und sag: „Guck mal, ne e-Mail vom Metzger!“ Oder wenn sie mich testen will und sagt: „Mach du doch mal Online-Banking“. Dann lass ich das Laufwerk auffahren, lege 10 Euro rein – zu – auf. „Sie können nicht wechseln!"

Ja, es läuft auch sonst alles über Karten und man hat für jede Karte eine eigene Geheimzahl. Man hat nur noch Nummern im Kopf, und dabei habe ich ein gutes Zahlengedächtnis. Ich habe bestimmt hundert Telefonnummern im Kopf. Wenn ich nur wüsste, wem sie gehören.

Das war vielleicht eine Umstellung. Ich steh' samstags morgens im ALDI an der Kasse, hinter mir eine Schlange, an beiden anderen Kassen eine Schlange. Die Kassiererin guckt mich an und sagt: „Geben sie bitte bei mir ihren PIN ein!" Ich sach: „So gut kennen wir uns aber noch nicht!" Da sacht sie: „Ich brauche eine Nummer!" Ich sach: „Jetzt wird es aber Zeit!"

Ja, es wird alles immer amonümer. Vor allem auch durch Geldautomaten, wobei ich nicht glaube, dass da nicht wenigstens oder am Wochenende keiner drin sitzt. Die lassen doch das Geld nicht allein. Und man sieht es auch montags an den Azubis: kreidebleich und gebückt. Meine Frau sagt: „Der war in de Disco." Ich sage: „Nä, der war im Geldautomat!"

Und wenn man dann die Geheimzahl eingibt, geht man davon aus, dass hinter einem nur Kriminelle stehen, und es kommt zu Szenen wie in einem Krimi oder Thriller:

Kriminaltango

Kriminaltango, bei uns in de Sparkass',
zum dritten Mal schon der falsche PIN.

Murr'n in der Schlange, mir wird schon bange,
werd' ich verhaftet, bin ich bald hin?

Doch da kommen von dem Schalter
Karl-Heinz Schmitz und Jenny Müller

und sie sagen: „Ruhe, Alter!
Das ist jedem schon passiert.

Plötzlich weiß ich die Geheimzahl,
tipp' sie ein, das ist der Knüller.

Denn nun stimmt zwar die Geheimzahl,
doch's Gerät ist abgeschmiert.

Sonn Code...

Kriminaltango, bei uns in de Sparkass',
schrei'n alle Leute: „Geh'n sie hier raus!"

Doch ich sag heute: Danke, ihr Leute,
denn dieses Buch hier ist leider aus.

Ist leider aus..., ist leider aus...

Zugabe

Die folgenden Szenen gehören zu den von uns am meisten gespielten Zugaben und sind damit zu Klassikern geworden. Vor allem das Abschiedslied "Hello again" ist seit 1999 eine wahre Hymne unserer Programme geworden.

Arztbesuche

Aber et Wichtigste im Leben ist, dass man gesund bleibt und man bleibt am ehesten gesund, wenn man gar nicht zum Doktor geht: Da wirste krank. Vor allem von den Gesprächen im Wartezimmer. Neben mir saß eine Frau, die guckte auch immer so traurig. Ich sach: „Was haben se denn?" Da sacht die: „Ich hab den Zucker zu hoch!" Ich sach: „Da müssen se sich en Höckerchen vor den Küchenschrank stellen!"

Daneben saß ein Bekannter. Ich sach: „Wat hast du denn?" Da sacht er: „Ich hab Durchfall, ich will aber keine Tabletten nehmen, weißt du kein Hausmittel?“ Ich sach: „Bei Durchfall ist am besten sofort zwei Bananen, ich rüf dich gleich mal an!“ Da hab ich en anjerüft. Ich sach: „Und wie is et?“ Da sacht er: „Et is e bisschen besser, aber die erste Banane tat so weh, die zweite hab ich jejessen!“

Aber man kann auch vom Essen krank werden. Ich hatte mir am zweiten Weihnachtstag an einer Schoko-Nuss-Printe eine Plombe rausgehauen. Wir Aachener werden ja sowieso immer auf Printen angesprochen. Voriges Jahr war ich mit meiner Frau auf dem Kölner Weihnachtsmarkt an einem Printenstand, da beschwerte sich eine Kundin, die sagte: „Hören se auf, bei Ihnen kauf ich nix mehr, ich hatte voriges Jahr Weihnachten ene Printenmann mit janz kleine Nüsse.“ Darauf sacht mein Frau: „Und darüber regen sie sich auf?! Den hab ich vor acht Jahren geheiratet.

Aber ich hatte mir die Plombe rausgehauen und musste jetzt am zweiten Weihnachtstag zum Notdienst, den muss man ja erst mal finden. Ich komme ja aus der Aachener Gegend und hatte sofort in der Nähe einen Notdienst gefunden, in Koblenz. Da kommt man rein, keiner kann sprechen, aber irgendwas muss man ja sagen:

A: (mit zugebissenen Lippen):
Frohe Weihnachten.
B: Frohe Weihnachten. (zeigt auf die Zähne):
Is dat von de Nüsse?
A: Nä, von de Zähne.
B: Ham se Zahnschmerzen.
A: Nä, ich hab de Prostata verstaucht.
B: Hat meine Schwester auch.
A: Ihre Schwester?! Dat jeht doch jar nit!
B: Ist ja auch nur ne Halbschwester.
A: (wendet sich zum nächsten Nachbarn):
Wovon haben sie et denn?
C: Von Pfir-si-sche!
A: Ham se de Büchse mitjejessen?
C: Nein, ich habe auf einen Kern gebissen.
A: (wendet sich wieder an einen anderen
Patienten): Und sie?
D: Von Bananen!
A: Da ist doch gar kein Kern drin!
D: Nein, ich bin drauf ausgerutscht und auf de
Fresse jefallen.

Und da saß eine Frau, ich sach et ihnen so, wie et is, die stank furchtbar aus dem Mund. Man will ja keinen beleidigen. Ich hatte schon ein paar Mal gut durchgelüftet. Aber dann sachte ich doch zu ihr: „Entschuldigen sie bitte, aber sie stinken furchtbar aus dem Mund!“ Da sacht sie: „Ich habe eine neue Brücke.“ Ich sach: „Da gucken se mal schnell nach, da hat ihnen aber einer an den Pfeiler geschissen!“

Howard Carpendale über Verstopfung

Ich war nicht mehr drauf so lange Zeit,
denn mir fehlte die Gelegenheit.
Hatte auch gar keine Lust dazu,
mein Verdauungstrakt war ganz in Ruh‘.

Ahuuuuuuu,
da kamst du mit den Trockenpflaumen.

Ahuuuuuuu,
riebst Leinsamen in meinen Gaumen.

Ahuuuuuuu,
und dazu dann noch etwas Schrot,
so fand ich den Kot.

Hello again,
ich kann wieder auf Klo again,
lass die andren ruhig draußen steh'n,
viel zu lang war die Zeit.

Hello again,
ich kann wieder auf Klo again,
doch bin ich auch jetzt froh again,
tritt die Scheiße nicht breit.Uhuhuhuhu,
wir geh'n jetzt auf Klo again.

Uhuhuhuhu,
wir sagen allen Lesern:

„Danke und Hello again !“

Hausmannsprüche

Et is nit weit, aber et zieht sich.

Manche Ehepaare wären nie zusammengekommen, wenn sie sich morgens kennengelernt hätten.

Eine von 1.000 Reden irgendwo - irgendwann

Schützen sind Jäger, die auf Holzvögel schießen. Und wenn sie die erschossen haben, sind se so stolz, dass sie sich König nennen und mit Marschmusik durch den Ort ziehen. Das ist dasselbe, als wenn man sich in der Fußgängerzone vor Nordsee stellt, schießt mit eine Harpune auf ein Fischbrötchen, und wenn man das erschossen hat, lässt man sich beim Rhein in Flammen als Hochseeangler feiern.

Joschka Fischer war als Außenminister schlank und rank, Marathonläufer. Der ist jetzt sooo dick. Der hat die 5. Frau, ich glaube, die hat er gegessen.

Ich weiß, viele denken, wir Aachener könnten nicht mal mit Messer und Gabel essen. Ich war jetzt mal in Köln zu einem Galadinner eingeladen. Ich hab mich extra schick gemacht und perfekt mit Messer und Gabel gegessen.

Da sacht meine Nachbarin: „Sie kommen aber aus Aachen!“

Ich sach: „Woran sieht man das denn, ich ess‘ doch hier perfekt mit Messer und Gabel.“

Da sacht sie: „Und das ist gar nicht so einfach... bei Hühnerbrühe.

Ich hab bestimmt einige hundert Telefonnummern im Kopf. Wenn ich nur wüsste, wem sie gehören.

Wenn Frauen einen Raum betreten, sagen sie immer als erstes: „Hier zieht et!“ Das könnte auch ein luftleerer Raum sein. Wenn der erste Mensch auf dem Mond eine Frau gewesen wäre, die hätte gesagt: „Es ist ein großer Schritt für die Menschheit, aber hier zieht et!“

Mit Harald Classen bei einem ihrer Aufritte